조선왕조실록 1

태조~세종 편

차례

Contents

들어가며

조선 창업의 시대 − 태조 · 정종 · 태종

 조선은 『조선왕조실록』이라는 방대하고 세밀한 기록을 우리에게 남겼다. 거기에는 조선 500년의 역사가 왕대별로 정리되어 있다. 따라서 왕들을 중심으로 그들의 혈통, 시대와의 관계, 해결해야 할 현안들을 살펴보는 것이 조선의 역사를 이해하는 바탕이 된다.

 조선은 모든 권한이 국왕에게 집중된 중앙집권적 왕조 국가였다. 그러나 시대에 따라서는 학식 높은 신료들이 제왕의 권한을 제약하기도 했다. 어떤 왕은 강력한 왕권을 바탕으로 국정을 운영하는가 하면, 어떤 왕은 당쟁의 소용돌이 속에서 자신의 뜻을 제대로 펼칠 기회조차 얻지 못했다.

그중에서 조선 제1대부터 제3대에 이르는 태조(太祖)·정종·태종은 조선을 개국하고 창업의 기틀을 다진 왕이다. 이들 세 명의 왕은 쇠락한 고려왕조를 무너뜨리고 역성혁명(易姓革命)을 이룩한 조선 건국의 주역들로, 조선이 성리학 중심의 문치주의 국가로 자리 잡을 수 있도록 기본 통치 체제를 만들었다. 이 과정에서 그들은 그들의 정적과 숙명적인 대결을 펼쳤으며, 왕위 계승을 둘러싼 혈육 간의 권력 다툼을 겪기도 했다. 그러나 이러한 건국 초기의 혼란도 태종 연간에 들어서면서 점차 안정되기 시작했다. 물론 이 와중에도 태종은 공신 세력과 외척 세력 제거에 나서는 등 왕권 강화를 위한 조처들을 계속 진행해왔다.

태조 대에서 눈여겨볼 부분이 몇 가지 있다. 우선 동북면(두만강 하류 지역, 지금의 함경도)의 무장 출신인 이성계가 어떻게 고려 말의 혼란한 정치 상황 속에서 신흥 무장 세력으로 자리 잡았는가 하는 것이다. 또한 이성계가 정국의 주도권을 잡고 역성혁명으로 가는 결정적인 계기가 된 위화도 회군의 배경과 진행 과정에 대해서도 살펴봐야 한다. 조선 건국 과정에서 드러난 지지 세력과 반대 세력의 실체, 그리고 이들 세력 간의 다툼이 어떻게 전개되었는지, 개국 후 정국의 주도권은 누구에게 돌아갔는지도 중요한 부분이다. 특히 제1차 왕자의 난은 이후의 왕위 계승 구도와 밀접한 관련이 있다. 이 밖에 조선의 건국 이념과 한양 천도 등 조선의 통치 체제가 만들어지는 과정도 짚고 넘어갈 부분이다.

정종은 짧은 치세 기간으로 커다란 족적을 남기진 못했지만, 조선에서 적장자 계승 원칙에 따라 왕위에 오른 첫 번째 왕으로서 의미가 있다. 또한 정종 연간에 일어난 제2차 왕자의 난은 태조의 다섯째 아들인 이방원(李芳遠)이 왕위를 잇는 결정적인 계기가 되었으며, 사병 혁파의 빌미가 되었다.

정종에게서 선위받은 태종은 세제(世弟)가 아닌 세자(世子)로서 왕위를 이었다. 이 부분에서 조선왕조의 종법(宗法)이 어떻게 정립되었고, 앞으로 대를 거듭하면서 그 적용 여부가 어떤 식으로 정치적으로 영향을 미치게 될지 생각해볼 수 있다.

또한 태종 대에 이르러 비로소 명나라로부터 고명(誥命: 왕으로 임명한다는 임명장)과 인신(印信: 도장)을 받고 '조선'이라는 국호도 정식으로 사용하게 된 점, 그리고 태종이 펼친 외교와 국방 정책의 의미에 대해서도 되새겨봐야 한다. 왕권 강화를 위해 도입한 육조직계제(六曹直啓制)와 군사 제도 정비, 그리고 불교 탄압 정책이 어떻게 태종의 정치력을 극대화했는지도 함께 봐야 할 것이다. 양녕대군의 폐세자 과정과 충녕대군(忠寧大君)의 세자 책봉을 통해서는 태종이 만든 세종(世宗) 시대의 태평성대를 미리 엿볼 수 있다.

이 책에서는 이러한 내용을 태종 때 편찬된 『태조실록』과 세종 때 편찬된 『정종실록』『태종실록』의 내용을 바탕으로 정리하고, 현대적 관점의 해석을 덧붙였다.

『태조실록』은 1392년(태조 원년)부터 1398년(태조 7)까지 7년간의 역사를 담고 있는데, 태종이 1409년(태종 9)에 하윤(河崙)·변계량(卞季良) 등에게 명해 찬술했다. 태조가 죽은 지 1년밖에 지나지 않은 시점이라 『실록』 편찬은 시기상조라는 의견도 있었지만 태종이 이를 강행했다. 1413년(태종 13) 3월에 총 15권의 『실록』이 완성되었고, 이후 세종 때 개수와 증수, 문종 때 개수가 있었다. 『태조실록』에 실린 내용 중 우왕(禑王)이나 정도전(鄭道傳)에 대한 묘사는 태종의 입장에서 씌어진 기록이라 정확성이 다분히 의심된다.

『정종실록』과 『태종실록』은 모두 세종 때 편찬되었다. 『정종실록』은 변계량과 윤회(尹淮)가 편찬을 감수했으며, 본래 제목은 『공정왕실록(恭靖王實錄)』이다. 정종이 죽은 뒤에도 묘호(廟號)를 받지 못하고 명나라 황제로부터 받은 시호(諡號)인 '공정(恭靖)'을 그대로 썼기 때문이다. 그러다 1681년(숙종 7)에 정종이라는 묘호가 생기면서 『실록』의 제목도 『정종실록』으로 고쳐졌다.

『태종실록』은 1426년(세종 8) 8월에 『정종실록』을 완성하고 나서 곧바로 찬술을 시작했다. 편찬을 감수한 변계량이 죽는 바람에 맹사성(孟思誠)이 중간부터 대신 맡아서 편찬을 감수했다. 『태종실록』은 총 36권으로 1431년(세종 13) 3월에 완성되었다. 1442년(세종 24)에 개수되었으며, 1604년(선조 37)에 재출판하면서 일부 수정되었다.

조선 문화 전성기의 도래 – 세종

조선의 제4대 왕 세종은 우리 역사상 가장 훌륭한 왕으로 추앙받는다. 그래서 지금도 세종에게는 대왕(大王) 또는 성군(聖君)이라는 수식어가 따라다닌다. 그러나 어느 시대나 마찬가지지만 훌륭한 업적이 영웅적인 한 개인의 힘만으로 이루어지는 것은 아니다. 훌륭한 군왕의 자질을 갖춘 세종과 그를 보필한 사대부들의 역할이 어우러져 세종 시대를 조선 최고의 문화 전성기로 만든 것이다.

세종이 즉위한 15세기 전반기는 조선왕조가 건국된 후 초기의 혼란했던 시기를 거쳐 점차 안정기에 접어들던 때였다. 또한 중앙집권적 문치주의가 확립되어간 시기이기도 했다. 정치 주체는 불교를 신봉하던 귀족들에게서 주자학을 신봉하는 사대부들로 바뀌었다. 문화적으로는 당나라의 귀족 문화와 원나라의 세계 문화가 우리의 토착 문화와 융합해 독자적인 문화를 꽃피우게 된 시기였다. 또한 명나라가 이어받은 송나라의 주자학을 심도 있게 이해하고 받아들여 중국과는 다른 조선 나름의 정치 체제와 의례를 정비해야 할 시기이기도 했다. 이렇게 문화적 토대가 마련된 것은 태종이 정치적으로 공신 세력과 외척 세력을 제압한 덕이었다. 이로써 조선은 창립 이래 강력한 중앙집권적 왕권 국가로 확립되었다.

태종은 스스로 창업 군주임을 자처했다. 그리고 자신의 마스터플랜을 완성할 수성 군주가 될 후계자를 원했다. 그러나 세자 양녕대군은 그런 기대에 부응하지 못했다. 결국 적장자 계승의 원칙을 깨고 셋째 아들인 충녕대군이 왕위에 오르게 되었다. 즉 세종이 왕위에 오르게 된 것은 시대적인 요구였던 것이다.

한편 세종은 역사와 문화를 함께 건설할 훌륭한 인재들을 만나게 되는데, 이것 역시 우연히 그렇게 된 것이 아니라 그럴 만한 시대 배경이 있었다. 당시에는 여선교체기(麗鮮交替期)에 나타났던 불사이군(不事二君) 세대가 죽거나 늙어서 점차 사라지고 있었다. 세대교체가 이루어지면서, 그들의 자식 세대는 별다른 거부감 없이 새 왕조에 출사하고자 했다. 마침 국가에서도 새로운 인재가 필요한 상황이었다. 이런 분위기에서 젊고 유능한 인재들이 벼슬을 하기 위해 모여들었으니, 세종은 이들 중에서 특출한 인재들을 뽑아 쓸 수 있었다.

세종은 집현전(集賢殿)을 만들어 자신이 뽑은 인재들을 배속시켰다. 집현전에 배속된 학자들은 세종의 남다른 배려 속에서 성장할 수 있었다. 이들에게는 국내외에서 널리 수집한 서책들이 연구용으로 제공되었다. 또한 사가독서(賜暇讀書) 제도를 통해 경전 연구에 몰두할 수 있게 분위기를 조성했다. 이렇게 연마된 지식은 세종을 도와 새로운 문물 제도를 만드는 데 활용되었다. 세종이 이룩한 훈민정음(訓民正音) 창제, 과학 기술 발달 등의 업적은 집현전을 통해 인재를 집중적으로 육성하고 활용함으로써 가능했다.

　세종이 훈민정음을 만든 것은 한자로 된 경전을 좀 더 잘 읽기 위한 노력에서 출발했다. 그러나 이것은 고도의 음운 지식이 없었다면 달성하기 힘들었을 것이다. 세종은 경연(經筵: 왕과 유신이 경서와 사서를 강론하는 자리)을 통해 중국의 음운을 깊이 연구했고, 이 연구를 바탕으로 우리만의 독창적인 문자를 만들어낼 수 있었다. 훈민정음은 중앙집권 체제를 확립하는 과정에서도 필요했다. 국가의 명령을 백성에게 제대로 전달하기 위한 도구로써 훈민정음이 활용되었다.

　물론 훈민정음이 생겨났다고 해서 한자를 폐기한 것은 아니다. 존명사대(尊明事大)를 집권 명분으로 삼았던 사대부들이 이를 달가워할 리가 없었다. 한자는 지배층의 문자로서 존속되었고, 훈민정음은 언문(諺文)이라는 이름으로 병용되었다.

세종조에는 화약과 화기가 새롭게 개발돼 북으로는 여진, 남으로는 왜를 막는 데 활용되었다. 또한 유교적 재이관(災異觀)을 바탕으로 천문학이 연구되었고, 그 결과물들이 농업에 도움을 주었다. 세종은 공법(貢法)을 창안해 세금 제도를 정비했으며, 불교에 대한 구조조정을 실시하고 사찰을 정리해 국부를 늘렸다. 늘어난 국가 재정으로 군비를 확충하고 군제를 개편했으며, 대마도 정벌과 4군 6진의 개척을 단행했다. 인쇄술의 발달과 함께 많은 서적이 편찬되고, 특히 『고려사(高麗史)』를 비롯해 역사서 찬술에 심혈을 기울인 것도 문화 전성기인 세종조의 특징이다.

『세종실록』은 세종이 재위했던 31년 7개월간의 역사를 편년체(編年體)로 기록한 것이다. 분량은 163권 154책에 달하며, 정식 이름은 『세종장헌대왕실록(世宗莊憲大王實錄)』이다. 1452년(문종 2) 3월부터 편찬되기 시작해 1454년(단종 2) 3월에 완성되었다. 처음에는 황보인(皇甫仁)·김종서(金宗瑞)·정인지(鄭麟趾)가 감수를 담당했다. 그러나 1453년(단종 1)에 일어난 계유정난(癸酉靖難)으로 황보인·김종서가 피살되자 정인지가 홀로 담당했다.

세종 재위 32년간의 사료는 매우 방대해 육방(六房)으로 나누어 찬수되었다. 이러한 방대한 『실록』이 단시일에 완성된 것은 정인지·성삼문(成三問)·최항(崔恒)·박팽년(朴彭年)·신숙주(申叔舟)·양성지(梁誠之) 등 뛰어난 일류 명사 60여 명이 편찬에 참여했기 때문이다. 『세종실록』은 1466년(세조 12)에 양성지의 건의로 당시 이미 편찬되었던 『문종실록』과 함께 활자로 인쇄되기도 했다. 『실록』이 활자로 인쇄된 것은 이것이 처음이다.

고려의 멸망과 조선의 건국

사대부와 신흥 무장 세력의 성장

고려 후기에는 권문세족이 권력을 장악하고 있었다. 권문세족은 무신 정권 시기를 거치면서 세력을 확보한 무인 가문 중 일부가 가세를 넓히며 형성된 지배 세력이었다. 이들 권문세족은 도평의사사라는 정치 기구를 통해 자신들의 권력을 행사했다. 특히 이들은 원나라의 힘을 배경으로 세력 기반을 다졌다. 그렇게 얻은 권력으로 가난한 백성의 토지를 빼앗고 그들을 노비로 만들었다. 이들은 높은 관직을 차지하고 있으면서 나라에서 주는 녹봉에 만족하지 못하고 개인 소유의 농장(農莊) 규모를 늘리는 데 급급했다.

그러던 중 권문세족에 대항하는 새로운 세력이 형성되었다. 바로 사대부와 신흥 무장 세력이었다. 무신 정권에서는 정국의 안정을 위해 학식과 행정 실무 능력이 있는 문인들을 등용했다. 이들이 신흥 사대부다. 사대부는 무신 정권 붕괴 이후 하나의 세력을 형성하며 중앙 정계에 활발히 진출하기 시작했다. 원래 사대부는 문관 중 5품 이하인 사(士), 4품 이상인 대부(大夫) 등 문관을 통칭하는 용어였는데, 나중에는 문관뿐만 아니라 무관까지 포괄하는 개념으로 쓰이기도 했다.

사대부는 12세기에 원나라를 통해서 들어온 주자학을 공부하고, 과거를 통해 양반 신분을 얻었다. 이들은 불교를 신봉하는 권문세족과는 다른 정치 노선을 걸었다. 그런데 이들이 중앙 정계에 진출하고 보니 기득권층인 권문세족이 정치 권력과 거대 농장을 다 차지하고 있었다. 그러니 이들과 대립할 수밖에 없었다. 사대부들은 예의와 염치를 숭상하는 주자학 이론을 무기 삼아 권문세족의 부정부패를 공격했다.

또 다른 세력인 신흥 무장 세력은 외적의 침입에 대항하면서 성장했다. 고려 말의 정세는 대내외적으로 혼란했다. 이 틈을 타 북으로는 홍건적(紅巾賊)이, 남으로는 왜구의 침략이 끊이질 않았고, 그들을 제압하는 과정에서 큰 전공을 세운 무장들이 새로운 강자로 떠올랐다.

1359년(고려 공민왕 8) 12월, 반란을 일으켰던 홍건적이 원나라 군대에 쫓겨 도망치다가 고려를 침범했다. 모거경(毛居敬)이 이끄는 홍건적 무리는 고려의 철주와 서경까지 함락했다. 이때 이승경(李承慶)이 이끄는 군대가 홍건적과 맞서 싸워 그들을 압록강 너머까지 몰아냈다. 그러나 홍건적은 1361년(고려 공민왕 10) 10월에 다시 한 번 고려를 침입했고, 이때는 고려의 수도인 개경까지 들어왔다. 공민왕이 광주를 거쳐 복주(福州: 지금의 안동)까지 피신하는 사태가 발생했으나, 정세운(鄭世雲)·안우(安祐)·김득배(金得培)·이방실(李芳實)·김용(金鏞)·최영(崔瑩) 등이 홍건적을 격퇴하는 데 성공했다.

　홍건적의 침입은 그래도 일찍 끝났지만, 왜구의 침입은 지속적이고 집요했다. 특히 1350년 이후로는 규모가 커지고 침입 횟수도 잦아졌다. 당시 일본 내 사정은 좋지 않았다. 지배층 내부의 갈등으로 정치가 혼란해져 백성은 점점 더 먹고살기가 힘들어졌다. 거기에 원나라의 일본 정벌로 서부 지역 섬 사람들은 더 이상 삶의 터전을 지킬 수 없는 지경에 이르렀다. 이들은 살기 위해 본업을 버리고 해적이 되었다. 그리고 고려와 중국 연안을 수시로 침범하며 노략질을 일삼았다.

　그런 가운데 고려가 일본과의 교역마저 중단시켜버리자 왜구들은 더욱 극성을 부렸다. 그들은 해상에서뿐만 아니라 내륙 깊숙한 곳까지 침투해 곡식창고를 약탈하고, 심지어 고려 백성을 잡아다가 노예로 팔기도 했다.

　고려 조정에서는 골치 아픈 왜구 문제를 해결하려고 일본을 상대로 외교적인 노력을 기울이거나 왜인의 귀화를 받아들이는 등 유화책을 써보았지만 소용이 없었다. 결국 무력 진압만이 답이었다. 최영·이성계(李成桂) 등의 무장이 왜구 소탕 작전에 나섰다. 원래 이성계는 동북면(현재의 함경도 지역) 출신의 무장으로 주로 북방 지역에서 활동했으나, 왜구의 침략이 심각한 수준에 이르자 군대를 이끌고 남으로 내려온 것이다.

　1376년(고려 우왕 2), 이성계는 충청도까지 올라와 노략질하던 왜구를 지리산 일대에서 물리쳤다. 1380년(고려 우왕 6)에는 함양·경산·상주까지 올라온 왜인 아기바투(阿其拔都)가 이끄는 왜구의 무리를 운봉에서 맞아 크게 이겼다. 이것이 고려 무장 이성계의 대표적인 전공으로 알려진 황산대첩(荒山大捷)이다. 이처럼 이성계는 남과 북을 종횡무진하며 여러 크고 작은 전공을 세우며 이름을 떨쳤고, 주위에 그를 흠모하는 사람들이 모여들면서 하나의 큰 세력을 이루게 되었다.

　이성계를 비롯해 다른 여러 전투에서 전공을 세운 무장들 가운데 몇 명을 제외하면 대부분 특별히 내세울 게 없는 미천한 출신이었다. 이들은 중앙 정계에 진출하는 과정에서 서로 세력 다툼을 하기도 했다. 결국 고려 말에 형성된 신흥 무장 세력은 최영과 이성계의 양대 산맥으로 재편되었다.

고려 말의 정치 구도와 요동 정벌

14세기, 원나라가 몰락하고 명나라가 부상하면서 고려의 정치 구도에도 변화가 생겼다. 고려의 제31대 왕인 공민왕(재위 1351~1374)은 반원 정책을 들고 나왔다. 빼앗겼던 국토를 회복하고 친원 세력 제거에 나섰다. 이때 고려의 정치 세력은 친원 세력과 친명 세력이 갈려 있었다. 그러던 중 공민왕이 암살되고 우왕(재위 1374~1388)이 즉위했다.

한편 중국 대륙을 제패한 명나라는 원나라 영토를 그대로 물려받고자 했다. 명나라는 공민왕이 수복한 영토(원나라 때 쌍성총관부가 있던 철령 이북의 땅)를 내놓으라고 압력을 넣었다. 고려 조정은 명나라와 전쟁을 하더라도 영토를 내줄 수 없다는 쪽과 신중하게 대처해야 한다는 쪽으로 의견이 갈렸다.

영토를 내줄 수 없다는 쪽의 논리는 명확했다. 그러나 명나라가 워낙 강대국이었기 때문에 현실적으로 힘이 약한 고려의 입장에서는 무리가 따랐다. 이에 비해 신중하게 대처하자는 쪽은 좀 더 복잡한 논리를 내세울 수밖에 없었다. 그들은 명나라에 이야기를 잘해서 평화적으로 해결하자거나, 소국이 대국을 치는 것은 도리가 아니라는 명분론을 펼쳤다.

그런데 이러한 양쪽의 주장 이면에는 정치 세력 간의 미묘한 입장 차이가 얽혀 있었다. 당시 우왕은 아버지인 공민왕의 피살로 갑자기 왕위에 오른 터라 지지 세력이 약했다. 특히 독자적인 무력 기반이 거의 없었다. 반면에 권문세족과 신흥 무장 세력은 막강한 사병을 거느리고 있었다. 그들은 걸핏하면 사병을 배경으로 우왕을 협박하곤 했다. 우왕은 자신이 암살당할지 모른다는 두려움에 떨어야 했다. 우왕은 이러한 상황을 타개할 필요가 있었다. 그래서 대표적인 무장 세력인 최영과 이성계의 도움을 받아 이인임(李仁任) 일파를 제거했다.

원래 이인임은 우왕을 왕위에 오르도록 도와준 인물이었다. 그러나 권력을 잡은 이인임은 자신의 심복을 요직에 앉히고 전횡을 일삼았다. 이런 이인임이 우왕에게는 가장 위협적인 존재였던 것이다.

이인임을 제거한 우왕은 최영을 앞세워 요동 정벌을 강행했다. 표면적인 이유는 명나라에 국토를 내어줄 수 없다는 것이었다. 우왕의 강경한 태도에 고려인은 대부분 심적으로 동의했다. 그러나 현실적으로 고려가 명나라와 전쟁도 불사하겠다고 나선 것은 무모한 일이었다. 그런데도 요동 정벌에 나선 데는 우왕의 정치적 포석이 깔려 있었다.

우선 요동 정벌을 명목으로 왕권을 위협하던 사병을 동원할 수 있었다. 이는 곧 사병 세력의 약화를 의미했다. 또한 우왕이 신돈(辛旽)의 아들이라며 중상모략하던 세력이 대부분 친명파였던 것도 요동 정벌을 부추긴 원인이 되었다. 명나라와 전쟁을 하면 평화 정책을 주장하던 친명파의 입지는 그만큼 줄어들기 때문이다. 사실 요동 정벌이 성공하든 실패하든 우왕은 거의 잃을 것이 없었다.

그렇다면 최영은 왜 우왕이 요동 정벌을 강행하는 것에 동조했을까? 최영은 이성계와 더불어 당대의 대표적인 무장 세력이었다. 그는 휘하 장병들의 사소한 잘못도 용납하지 않을 정도로 엄격하고 단호한 성격이었다. 이러한 그의 성격은 전장에서 더욱 빛을 발했다. 병사들도 그의 지휘에 일사불란하게 움직였다. 덕분에 최영은 여러 전투에서 큰 공을 세웠고, 고려 최고의 무장이 되었다. 그러나 이러한 성격은 정치하는 데는 불리했다. 정치판에서는 타협할 줄 모르는 그를 꺼렸다. 결국 그는 미묘한 정치 현안이 발생할 때마다 혼자 나서서 악역을 도맡았다. 요동 정벌 역시 마찬가지였다. 대신 최영은 고려 백성에게 큰 지지를 얻고 있었다.

우왕은 최영을 앞세워 요동 정벌을 적극적으로 추진했다. 친명파들은 가능한 외교력을 모두 동원해 명나라와 관계를 정상화하려고 했다. 그러나 우왕은 강경한 입장을 견지하며 요동 정벌에 반대하는 사람은 죽이거나 귀양 보냈다.

당시 신흥 무장 세력의 핵심이었던 이성계는 네 가지 이유를 들어 요동 정벌을 반대했다. 이른바 '4불가론'이라 불리는 네 가지 이유는 다음과 같다.

첫째, 약소국 고려가 강대국 명나라를 공격해봐야 승산이 없다.

둘째, 농사철인 여름에 전쟁을 해서는 승산이 없다.

셋째, 명나라를 공격하다보면 남쪽의 방위가 허술해져서 왜구들이 쳐들어온다.

넷째, 장마철이라 병사들이 질병에 걸리기 쉽다. 또한 더위로 활의 아교가 풀어져서 전쟁을 할 수 없다.

전장에 직접 나서야 하는 무장의 입장에서는 매우 현실적인 주장이었다. 그러나 우왕은 이러한 논리에 설득되지 않았다. 애초에 그의 목적은 자신의 정적을 제거하는 데 있었기 때문이다. 결국 이성계는 말을 듣지 않으면 죽이겠다는 우왕의 협박에 자신의 주장을 굽힐 수밖에 없었다.

그렇게 이성계와 조민수(曺敏修)가 이끄는 군대는 우왕의 뜻대로 요동 정벌에 나섰다. 우왕은 팔도도통사 최영을 후방에 남겨두었다. 더구나 군대가 출정할 때 이기고 오라는 격려의 말을 한마디도 하지 않았다. 이는 전쟁에서 이기고 싶은 의지가 없다는 것을 노골적으로 드러내는 행태였다. 이러한 우왕의 태도는 이성계를 비롯한 정벌군의 사기를 떨어뜨렸다. 뿐만 아니라 역심을 품게 할 충분한 동기를 제공했다. 그리고 결과는 '위화도 회군'이라는 역사적 사건으로 이어졌다.

위화도 회군

1388년(고려 우왕 14) 5월 13일, 우군도통사 이성계와 좌군도통사 조민수가 이끄는 요동 정벌군이 압록강 하류의 위화도에 도착했다. 연일 쏟아지는 폭우에 강물이 불어 군대는 발이 묶였다. 그러자 도망병이 속출했다. 이미 군대 내부에는 이길 수 없는 전쟁이라는 생각이 팽배해 있었다. 이성계와 조민수는 진군을 계속할 수 없다고 판단하고 여러 차례 우왕과 최영에게 회군을 요청했다. 그러나 우왕과 최영은 회군을 허락하지 않았다.

그런 상태로 정벌군이 위화도에 주둔한 지 10일이 지났다. 병사들의 동요는 극에 달했다. 이성계는 마침내 회군을 결심했다. 물론 상부의 명령을 어긴 회군은 명백한 반역 행위였다. 따라서 이성계에게는 확실한 명분이 필요했다.

그런데 이성계가 행동을 취하기도 전에 소문이 돌았다. 이성계가 휘하의 병사들을 이끌고 그의 근거지인 동북면으로 돌아가려 한다는 것이었다. 군사들은 술렁이기 시작했다. 원래 정상적인 군대라면 이러한 반역 행위를 용서하지 않았을 것이다. 또한 소문의 근거지를 밝혀 처벌했을 것이다. 그러나 정벌을 찬성하는 사람들은 후방에 남고 오히려 반대하는 사람들이 사지로 내몰린 상황이었으니, 정벌군은 출발부터 이미 반역의 씨앗을 품고 있었다고 할 수 있다. 이성계와 함께 정벌군을 이끌던 조민수는 사태가 심상치 않게 돌아가는 것을 직감하고는 이성계에게 주도권을 넘겨버렸다. 이성계가 하자는 대로 하겠다는 뜻이었다.

이성계는 여러 장수를 한자리에 모았다. 그리고 회군의 불가피함을 역설했다. 대국인 명나라를 공격하면 명나라는 반드시 반격할 것이니, 그러면 우리 국토와 백성의 안위를 장담할 수 없다는 것이었다. 이러한 이유를 들어 회군을 요청했으나 우왕과 최영은 들은 척도 하지 않으니, 돌아가 직접 만나 사정을 이야기하겠다고 했다. 회군의 명분으로 이보다 좋은 것은 없었다. 이성계의 이러한 주장은 마지못해 출정한 병사들에게는 한 줄기 빛과 같은 말이었다.

1388년 5월 22일, 이성계는 백성을 구할 구원자를 자처하며 위화도 회군을 감행했다. 군대의 지지를 얻은 이성계는 거칠 것이 없었다. 민심도 이성계를 따랐다. 전쟁터에 자식이나 가장을 내보내고 애태우던 가족과, 명나라와의 전쟁을 두려워하던 백성은 회군하는 병사들을 환대했다. 또한 이성계의 고향인 동북면에서 온 지원군이 합류하면서 기세는 더욱 높아졌다.

이틀 후 우왕과 최영에게 위화도 회군 소식이 전해졌다. 다급해진 우왕과 최영은 일단 개경으로 후퇴해 저항군을 조직하고자 했다. 그러나 이미 대세가 기울어진 마당에 그들을 돕겠다고 나서는 병사는 없었다. 그사이 이성계와 조민수는 그들의 턱밑까지 군대를 이끌고 들이닥쳤다.

6월 1일, 개경에 도착한 이성계는 우왕에게 사람을 보냈다. 그리고 요동 정벌을 강행한 책임을 물어 최영을 처벌하라고 요구했다. 우왕은 이를 거부하고 오히려 이성계와 조민수를 체포하라는 명령을 내렸다. 더 이상 협상의 여지는 없었다. 마침내 이성계와 조민수는 궁궐을 공격했고, 우왕과 최영은 그에게 생포되었다.

반란에 성공한 이성계와 조민수는 실권을 장악했다. 허수아비 왕으로 전락한 우왕은 이성계와 조민수를 제거할 기회를 노리다 실패한 후 폐위되었다. 최영은 유배되었다가 개경으로 다시 압송되어 처형되었다.

이성계와 조민수는 우왕의 아들 창왕(재위 1388~1389)을 왕위에 올렸다. 당시 창왕의 나이는 9세, 이름만 왕이지 아무런 힘이 없었다. 한편 이성계와 조민수는 권력 다툼을 벌였다. 두 사람은 함께 반란을 일으켰지만 권력을 양분할 수는 없었다.

결국 이 싸움에서 승리한 이성계가 조민수를 실각시켰다. 조정의 실질적인 최고 권력자가 된 이성계는 창왕을 폐위시키고 공양왕(재위 1389~1392)을 즉위시켰다.

전제 개혁을 단행한 이성계

이성계는 자신의 입지를 더욱 강화하고 혼란한 민심을 수습하기 위해 전제 개혁을 실시했다. 권문세족에게 집중된 경제력을 약화시키기 위한 조치였다.

당시 권문세족은 주로 토지로 재산을 축적했으며, 황무지를 개간하거나 매입하는 방법으로 자신의 토지 소유권을 늘렸다. 때로는 남의 토지를 힘으로 빼앗기도 했다. 이렇게 직접 토지를 소유하는 것 외에도 수조권(收租權: 토지에서 세금을 거둘 수 있는 권한)으로 확보하는 방법도 있었다. 수조권은 국가 재정 운영에서도 매우 중요한 부분이었다.

고려에서는 전시과(田柴科)라는 토지 제도를 통해 특정 지역의 수조권을 관료들에게 주었다. 전시과는 전과(田科: 경작지)와 시과(柴科: 땔감을 확보할 수 있는 산지)를 합쳐 부르는 말이다. 국가 재정이 안정적으로 운영되려면 관료들은 퇴직과 함께 토지 수조권을 반납해야 한다. 그런데 권문세족은 한번 받은 수조권을 반납하지 않았다. 그러다보니 날이 갈수록 권문세족의 재산은 늘고, 국가의 창고는 텅텅 비게 되었다. 급기야 새로 관료가 된 신흥 사대부 중에는 아예 전시과를 받지 못하는 경우도 많았다. 신흥 무장들에게도 군사비가 조달되어야 하는데 이 또한 여의치 않았다.

이성계는 이러한 폐단을 바로잡고자 했다. 그래서 기존의 전시과 대신 과전법(科田法)을 실시하려고 했다. 과전법은 권문세족의 수조권을 빼앗아 다시 분배하는 것이 목적이었다. 이에 앞서 1388년, 이성계는 조준(趙浚) 등을 내세워 사전(私田) 개혁 계획을 발표했다. 그리고 이에 대한 의견을 물었다. 53인의 관료 중에서 이색(李穡) 등 34인은 이에 반대했고, 정도전 등 18인은 찬성했다. 오로지 정몽주(鄭夢周) 한 명만이 중립을 지켰다. 그러나 이성계 일파는 이러한 결과에 상관없이 사전 개혁을 밀어붙였다.

우선 대규모 토지 조사 사업을 실시하고 기존의 토지 문서를 불태워버렸다. 그리고 1391년, 마침내 과전법이 실행되었다. 문무 관료들의 경제 생활 보장을 위해 현직자와 퇴직자, 그리고 대기 발령자를 포함해 등급을 18과로 나눴다. 그리고 각 과전(科田)마다 작게는 15결(結), 많게는 150결까지 수조권을 나누어 주었다. 과전은 한 세대에 한해 지급하는 것을 원칙으로 했으나, 수신전(守信田: 수절한 부인을 위해 지급되는 토지)·휼양전(恤養田: 어린 자식의 생활을 보장하기 위해 지급된 토지)의 형태로 전부 또는 일부가 세습되기도 했다.

과전법 실시로 관료들에게 지급되는 토지 수조권의 규모는 이전에 비해 줄어들었다. 당연히 권문세족의 반발이 거셌으나 오래가지는 못했다. 이성계가 조준·정도전 등의 도움으로 새 왕조를 세웠고, 고려의 권문세족은 저항할 힘을 잃고 몰락해갔다.

이렇게 시작된 과전법은 세조 대에 폐지될 때까지 조선 초기 수조 제도의 근간을 이루었으며, 농민들의 조세부담이 줄어든 대신에 국가의 수조지는 확대되어 국가 재정을 튼튼히 하는 데 기여했다. 또한 권력을 가진 자들이 불법으로 소유한 토지를 원주인에게 돌려주고, 억울하게 노비가 된 사람들을 양인의 신분으로 되돌리는 조치가 이어졌다. 그리하여 과전법 실시 이후 자작농의 비율이 높아졌다.

그런데 시간이 지날수록 공신과 관리가 늘어나다보니 이들에게 나누어 줄 과전이 또 모자랐다. 태종과 세종은 이러한 문제점을 개선하기 위해 과전을 하삼도(下三道: 충청도, 전라도, 경상도를 이르는 말)로 이관하는 등 여러 보충 정책을 실시했다. 그러나 과전법은 세조 대에 이르러 결국 폐지되고, 현직자에게만 수조권을 주는 직전법(職田法)으로 바뀌었다.

역성혁명 반대파의 제거

전제 개혁 과정에서 이성계 일파의 역성혁명 의도에 반대하는 세력의 실체가 드러났다. 그들은 이색·조민수·변안열(邊安烈) 등 대부분 온건개혁파였다. 온건개혁파는 위화도 회군 때에는 이성계의 친명 노선을 따랐으나, 창왕 옹립과 전제 개혁 때는 이성계 일파와 노선을 달리했다. 이들의 개혁은 고려왕조 수호를 기본 전제로 하고 있었던 것이다. 이성계 일파는 이들을 좌시하지 않고 일거에 제거할 기회를 엿보고 있었다.

그러던 중 1389년(고려 공양왕 1) 11월에 김저(金佇)가 이성계를 죽이려다가 미수에 그친 사건이 일어났다.

> 11월, 김저(金佇)가 몰래 우왕을 황려부(黃驪府)에서 알현하니, 우왕이 울면서 말하기를, "내가 평소부터 곽충보(郭忠輔)와 사이가 좋으니, 그대가 가서 계획을 세워 이성계를 제거한다면, 나의 뜻은 성취될 수 있다" 했다. 김저가 와서 충보에게 알리니, 충보는 거짓으로 응락하고는 달려와서 태조에게 알렸다. 김저와 정득후(鄭得厚)를 체포하려 하니, 득후가 김저와 같이 모의하고 밤에 태조의 저택으로 잠입하다가 문객(門客)에게 잡히자, 스스로 목을 찔러 죽었다. 김저를 순군옥(巡軍獄: 순군 만호부의 감옥)에 가두니

공사(供辭: 죄인의 범죄 사실을 진술하는 말)가 변안열 등에게 관련되었다. 대간(臺諫)이 안열을 목 베기를 청하므로, 태조가 극력 구원했으나 창왕은 듣지 아니했다.

『태조실록』1권, 총서 99번째 기사

그런데 이 사건은 여러 정황상 조작되었을 가능성이 크다. 이성계 같은 거물을 상대하면서 모의가 허술했던 점, 이성계 쪽 사람이라고 할 수 있는 곽충보에게 우왕이 칼을 보냈다는 점, 또한 평소 우왕과 사이가 좋지 않았던 변안열이 모의 주동자로 지목된 점 등이다. 따라서 이는 이성계 일파가 정적 제거를 위해 꾸며낸 일로 봐도 무방하다.

1390년(고려 공양왕 2)에 일어난 '윤이(尹彝)·이초(李初)의 난' 역시 이성계 일파가 조작했을 것으로 짐작된다. 사건의 전말은 이렇다.

파평군(坡平君) 윤이와 중랑장(中郎將) 이초란 사람이 와서 황제에게 호소해 말하되, 고려의 이 시중(李 侍中: 이성계를 말함)이 왕요(王瑤: 공양왕)를 세워 임금으로 삼았는데, 요(瑤)는 종실(宗室)이 아니고 곧 이 시중의 인친(姻親)입니다. 요는 이성계와 더불어 모의하여 병마(兵馬)를 움직여 장차 상국(上國)을 범하려고 하므로, 재상(宰相) 이색 등이 옳지 못하다고 하니, 곧 이색·조민수·이임

(李琳)·변안열·권중화(權仲和)·장하(張夏)·이숭인(李崇仁)·권근(權近)·이종학(李種學)·이귀생(李貴生)을 잡아서 살해하려 하고, 우현보·우인열·정지(鄭地)·김종연(金宗衍)·윤유린(尹有麟)·홍인계(洪仁桂)·진을서(陳乙瑞)·경보(慶補)·이인민(李仁敏) 등은 잡아서 먼 곳으로 귀양 보냈는데, 내쫓긴 재상 등이 몰래 우리를 보내어 천자(天子)에게 고하고, 이내 친왕(親王)에게 청하여 천하의 군사를 움직여 정토(征討)하게 하시오.

『태조실록』 1권, 총서 111번째 기사

　　그러나 이러한 윤이와 이초의 고변은 무고로 밝혀졌다. 이성계 일파는 이 무고 사건을 빌미로 연루된 사람들을 국문하는 대규모 옥사를 일으켰다. 이때 희생된 사람들은 대부분 평소 이성계 일파의 노선에 반대하던 이들이었다.

　　이렇듯 이성계와 그의 일파는 역성혁명에 방해되는 반대파들을 제거하기 위해 여러 사건을 조작했다. 이성계에게 대적할 만한 군사력과 덕망을 지닌 인사들을 사전에 제거하기 위함이었다. 또한 건국 후 『고려사』를 집필하면서 변안열, 조민수 등을 「간신열전」에 포함시켜 그들의 명예를 실추시켰다. 이것 역시 다분히 의도적이었다. 결국 변안열은 억울하게 누명을 쓴 것이 인정되어 신원(伸寃)되기도 했다.

고려의 마지막 충신, 정몽주의 죽음

고려왕조 멸망의 상징처럼 회자되는 정몽주는 경상도 영천에서 1337년(고려 충숙왕 복위 6)에 태어났으며, 1360년(공민왕 9) 24세의 나이로 문과에 급제해 비로소 세상에 이름을 알렸다.

정몽주의 좌주(座主)는 김득배였다. 좌주는 과거를 치를 때 시험을 주관하는 감독관을 말하며, 자신이 주관한 시험에서 합격한 이를 문생(門生)으로 삼아 부자지간처럼 가깝게 지내기도 했다. 고려 말에 시행된 좌주문생제는 학벌과 붕당을 조장한다는 이유로 조선 건국과 함께 혁파되었다. 그런데 김득배가 역적의 누명을 쓰고 효수되었다. 후환이 두려워 아무도 그의 시신을 거두려 하지 않았는데, 정몽주만이 홀로 머리를 풀고 곡을 하며 왕에게 그의 시신을 거두고 장사 지내기를 청했다. 그의 사람됨을 짐작하게 하는 일화다.

정몽주는 우리나라 성리학의 창시자로 불릴 만큼 학문적 성취가 높았다. 그는 당대 최고의 학자인 이색의 문하에서 정도전 등과 함께 수학했다. 이색은 그를 가리켜 '동방이학(東方理學)의 원조'라 칭송하기도 했다.

한편 정몽주는 대표적인 친명파였다. 우왕 즉위 후, 이인임 일파는 편향적인 친원 정책을 펼쳤는데, 정몽주는 이에 반기를 들다가 유배를 당하기도 했다. 이듬해 풀려났으나 그를 꽤

씀하게 여기는 권신들의 추천으로 일본에 답례사(答禮使)로 가게 되었다. 당시에 일본으로 간다는 것은 목숨을 내놓아야 할 만큼 위험한 일이었다. 그런데 주위의 만류를 물리치고 일본에 간 정몽주는 오히려 뛰어난 외교 수완을 발휘했다. 일본에 교린(交隣)의 가능성을 타진했으며, 왜구에 잡혀갔던 고려 백성 수백 명을 데리고 귀환하기도 했다. 이후 정몽주는 자신의 정치 입지를 넓혀갔다.

정몽주는 이성계의 위화도 회군을 지지했다. 우왕과 최영을 몰아낸 정치적 상황이 그에게는 자신의 이상을 펼칠 기회였다. 그는 개혁을 통한 성리학 정치 이념 실현을 꿈꾸고 있었다. 그래서 이성계 세력에 협력하며 각종 개혁에 중요한 참모 역할을 했다. 그러나 정몽주는 곧 중요한 선택의 기로에 서게 되었다. 이성계, 정도전, 조준에게 개혁은 역성혁명으로 가기 위한 과정이었다. 반면 정몽주는 '개혁은 하되 고려왕조는 유지되어야 한다'고 생각했다. 결국 정몽주는 이성계 세력과 정치적으로 결별하게 되었다.

정몽주는 공양왕의 비호를 받으며 반(反)이성계 세력을 구축했다. 이성계 일파를 제거할 기회를 엿보던 중 이성계가 명나라에 다녀오던 세자 석(奭)을 마중하러 나갔다가 낙마해 드러눕자, 정몽주는 그 기회를 틈타 공양왕을 채근해 8장상(八將相)을 파면시키고 귀양 보냈다.

그런데 이런 상황을 예의주시하던 사람이 있었다. 바로 이성계 전처 소생의 다섯째 아들 이방원이었다. 이방원은 정몽주가 자신의 아버지를 죽이기 전에 먼저 그를 제거하기로 마음먹었다. 그리고 이성계를 개경으로 돌아오게 한 후 이제(李濟)·조영규(趙英珪) 등과 일을 도모했다.

어느 날, 이방원은 술자리에서 정몽주의 의중을 떠보기 위해 시 한 수를 지어 읊었다. "이런들 어떠하리 저런들 어떠하리"로 시작하는 이른바 「하여가(何如歌)」였다. 이에 정몽주는 "이 몸이 죽고 죽어 일백 번 고쳐 죽어"로 시작하는 「단심가(丹心歌)」로 화답했다. 고려왕조를 배신할 마음이 없음을 드러낸 것이다. 결국 정몽주의 태도는 그의 명을 재촉하고 말았다.

정몽주는 이원계(李元桂: 이성계의 형)의 사위인 변중량(卞仲良)에게 이방원 측의 움직임을 전해 들었다. 그러나 정몽주는 오히려 확실한 정황을 알아보겠다며 이성계를 직접 병문안했다. 이방원은 이때를 노려 이성계를 만나고 돌아오는 정몽주를 선죽교에서 공격했다. 정몽주는 조영규가 휘두른 철퇴를 맞고 쓰러졌다. 역성혁명을 저지할 고려의 마지막 충신이 죽임을 당한 것이다.

그가 죽고 석 달이 지난 1392년(공양왕 4) 7월 17일, 이성계는 공양왕을 내리고 백관의 추대를 받아 왕위에 올랐다. 조선왕조 500년의 새 역사가 열린 것이다.

제1대 태조, 조선을 건국하다

고려 무장 이성계의 집안과 역성혁명

조선을 건국한 태조 이성계. 그는 1335년(충숙왕 복위 4)에 영흥 흑석리에서 이자춘(李子春)의 둘째 아들로 태어났다. 이한(李翰)의 21대손으로, 위로는 이복형 이원계가 있고, 아래로는 이복동생 이화(李和)가 있다.

태조는 네 명의 부인으로부터 8남 5녀의 자식을 두었다. 이 중에서 첫째 부인인 신의왕후 한씨(추존)가 낳은 아들이 이방우(李芳雨: 진안대군)·이방과(李芳果: 정종)·이방의(李芳毅: 익안대군)·이방간(李芳幹: 회안대군)·이방원(태종)·이방연(李芳衍: 덕안대군)이고, 둘째 부인 신덕왕후 강씨가 낳은 아들이 이방번(李芳蕃: 무안대군)·이방석(李芳碩: 의안대군)이다.

태조의 전주 이씨 집안은 신라 시대부터 대대로 전주 지역을 기반으로 자리 잡은 지방 호족이었다. 그러다 고려 시대 무신의 난을 계기로 중앙 정계의 실력자로 진출하게 되었다. 이때 이성계의 6대조인 이인(李璘)은 형 이의방(李義方)과 함께 중앙 정계를 누볐다. 그러다 이의방이 몰락하면서 이인도 함께 함경도 지방으로 귀양을 가게 되었다. 이인의 아들인 이양무(李陽茂: 태조의 5대조)도 중앙의 권력 투쟁에서 패배한 아버지 때문에 고난의 세월을 보냈다. 그와 그의 아들 이안사(李安社: 태조의 4대조, 목조로 추존)는 전주 지역에서 민란을 주동한 혐의까지 받게 되었다.

결국 이안사는 그의 일족을 데리고 전주를 떠나 강원도 삼척을 거쳐 함경도 지역으로 가게 되었다. 당시 함경도 지역은 고려의 영역이 아니고 원나라의 지배를 받고 있었다. 이안사의 원나라 망명과 관련해 『태조실록』에는 관련 일화가 전해진다.

처음에 전주(全州)에 있었는데, 그때 나이 20여 세로서, 용맹과 지략이 남보다 뛰어났다. 산성별감(山城別監)이 객관(客館)에 들어왔을 때 관기(官妓)의 사건으로 인하여 주관(州官)과 틈이 생겼다. 주관이 안렴사(按廉使)와 함께 의논하여 위에 알리고 군사를 내어 도모하려 하므로, 목조(穆祖: 이안사)가 이 소식을 듣고 드디어 강릉도(江陵道)의 삼척현(三陟縣)으로 옮겨 가서 거주하니, 백성이 자원하여 따라서 이사한 사람이 170여 가구나 되었다. 일찍이 배 15척을 만들어 왜구를 방비했는데, 조금 후에 원나라 야굴대왕(也窟大王)이 군사를 거느리고 여러 고을을 침략하니, 목조는 두타산성(頭陀山城)을 지켜서 난리를 피했다. 때마침 전일의 산성별감이 새로 안렴사에 임명되어 또 장차 이르려고 하니, 목조는 화(禍)가 미칠까 두려워하여 가족을 거느리고 바다로 배를 타고 동북면의 의주(宜州)에 이르러 살았는데, 백성 170여 가구가 또한 따라갔고, 동북의 백성이 진심으로 사모하여 좇는 사람이 많았다.

『태조실록』 1권 총서, 첫 번째 기사

물론 이러한 일화는 이안사의 망명에 그럴 만한 사정이 있었다는 점을 부각하기 위해 만들어졌을 가능성이 있다. 아무래도 그것이 중앙 정부에 반기를 들고 망명했다는 것보다는 부담이 덜했기 때문이다. 어쨌든 이안사는 원나라가 지배하는 지역에 안착했다. 그곳에서 원나라의 관직을 받고 이름도 개명했다. 그리고 원나라의 비호와 자신의 능력으로 동북면 지역에서 기반을 다졌다. 이후 그의 후손 이행리(李行里: 태조의 3대조, 익조로 추존)·이춘(李椿: 태조의 조부, 도조로 추존)·이자춘(태조의 아버지)에 이르기까지 대대로 동북면의 실력자로서 굳건한 뿌리를 내렸다.

그러나 고려 말 동북아 정세가 변하면서 전주 이씨 가문도 향방을 달리하게 되었다. 대륙에서 원나라를 대신해 명나라가 새로운 강자로 떠오른 것이다. 고려에서는 공민왕이 반원 정책을 펼치며 원나라에 빼앗겼던 북쪽 영토를 회복하려고 했다. 공민왕으로서는 당시 동북면 지역에서 강력한 세력을 형성한 전주 이씨 일족의 협조가 필요했다. 공민왕은 원나라가 지배하고 있던 쌍성총관부를 공격하기에 앞서 이자춘을 개경으로 불렀다. 그리고 그에게 소부윤이라는 고려 벼슬을 주었다. 이는 전주 이씨 가문이 다시 고국의 품으로 돌아갈 절호의 기회였다.

마침내 1356년(공민왕 5), 공민왕은 군대를 보내 쌍성총관부를 공격했고, 이자춘은 군사를 이끌고 나와 내응했다. 이자춘의 협조로 고려는 옛 영토를 쉽게 수복할 수 있었다. 이자춘은 이 공로로 종2품의 영록대부를 받고 동북면 병마사에 제수되었다. 이로써 전주 이씨 일족은 다시 고려의 신민(臣民)이 되었다.

이러한 배경으로 이자춘과 그의 아들 이성계는 고려의 새로운 실력자로 급부상하게 되었다. 혼란스러운 고려 말의 상황이 무장인 이성계에게 큰 기회를 준 셈이다. 그는 탁월한 무예 실력을 바탕으로 여러 전공을 세웠다. 북쪽의 홍건적을 물리치고 남쪽의 왜구를 격퇴했다. 승전을 거듭할수록 이성계는 명성이 높아지고, 백성의 신망도 얻게 되었다. 그리고 여러 유교 지식인이 그의 곁에 모여들었다. 이성계를 중심으로 하나의 세력이 형성된 것이다.

한편 『실록』에는 태조가 새 왕조를 열기 이전의 고려 약사와 더불어 집안 내력, 태조의 이력 등이 실려 있다. 태조가 조선을 건국하기 전에 있었던 상서로운 기운에 대한 묘사도 나온다. 그중 태조의 조부 이춘이 꾸었다는 꿈 내용이 대표적이다.

> 어느 날 이춘이 꿈을 꾸었는데, 어느 사람이 나와 말하기를 "나는 백룡(白龍)입니다. 지금 모처(某處)에 있는데, 흑룡(黑龍)이 나의 거처를 빼앗으려고 하니, 공(公)은 구원해주십시오"라고 말했다. 이춘은 이 꿈을 대수롭지 않게 여기고 있었는데, 꿈에 백룡이 또다시 나타나 간절히 청했다. "공은 어찌 내 말을 생각하지 않습니까?"라면서 날짜를 일러주었다. 이춘은 그제야 이상하게 여겼다. 그리고 그 날짜에 활과 화살을 들고 백룡이 알려준 장소로 갔다. 그랬더니 구름과 안개가 어두컴컴한데, 백룡과 흑룡이 한창 못 가운데서 싸우고 있었다. 이춘이 활로 흑룡을 쏘니, 흑룡이 화살 한 개에 맞아 못에 떨어져 죽었다. 뒤에 다시 꿈을 꾸었는데 백룡

이 와서 사례하기를 "공의 큰 경사(慶事)는 장차 자손에 있을 것입니다"라고 말했다.

『태조실록』 1권, 총서 18번째 기사

이 이야기는 태조의 건국을 암시하는 일종의 신화적인 성격의 일화다.

또 이성계의 잠저(潛邸) 시절, 이성계에게 어떤 사람이 찾아와 지리산에서 발견한 글이라며 보여주는데, 거기에는 "목자(木子)가 돼지를 타고 내려와서 다시 삼한(三韓)의 강토를 바로잡을 것이다"라고 적혀 있었다. 이는 '왕(王)씨가 멸망하고 이(李)씨가 일어난다'는 의미였다. 고려의 서운관(書雲觀)에 간직된 「비기(秘記)」에 '건목득자(建木得子)'의 설(說)이 있었다는 기록도 있다.

어쨌든 이성계는 위화도 회군을 계기로 정국의 주도권을 잡았다. 그리고 마침내 역성혁명을 이룩했다. 역성(易姓)은 말그대로 성을 바꾸었다는 것을 의미한다. 전주 이씨인 태조가 새 왕조를 열면서 왕씨가 대대로 왕위를 세습하던 고려왕조가 멸망하게 된 것이다.

이것은 전통적인 '충(忠)'의 개념에서 볼 때는 명백한 반역이기 때문에 조선 건국 초기에는 역성혁명에 반대하는 사람도 많았다. 고려 말 이성계 일파에 의해 축출된 이색, 정몽주를 비롯해 원천석(元天錫)·길재(吉再) 등이 대표적인 인물이다. 또한 임선미(林先味)·조의생(曹義生)·성사제(成思齊) 등 72인은 두문동으로 들어가 끝까지 조선왕조에 출사하지 않았다.

개국공신(開國功臣)을 비롯한 여러 신하는 고려왕조의 마지막 왕인 공양왕은 물론, 왕씨 일족을 모두 제거해야 한다고 주장했다. 왕씨를 그대로 두면 언제 반역 음모가 있을지 모른다는 것이 이유였다. 처음에 태조는 이러한 주장을 받아들이지 않았다. 오히려 강화도와 거제도에 유배되었던 왕씨들에 대한 규제를 풀고, 폐위된 공양왕에 대해서도 거처를 마음대로 정할 수 있도록 배려했다.

그러나 계속해서 공양왕 복위에 관한 소문이 들려오자 태조도 결단을 내릴 수밖에 없었다. 결국 삼척에 유배되었던 공양왕을 죽이고, 왕씨 일족을 강화도와 거제도 앞바다에 수장시켰다. 구세력을 제거해 역성혁명 때문에 반역 시비가 생겼다는 부담을 떨쳐내고자 했던 것이다.

조선의 3대 건국 이념 – 숭유억불·중농주의·사대교린

태조는 유교 지식인들을 조선 창업의 참모로 삼았다. 그리고 이들로 하여금 건국의 이념과 운영 원리를 제시하게 했다. 그리하여 그의 참모들은 숭유억불(崇儒抑佛)·중농주의(重農主

義)·사대교린(事大交隣)의 세 가지 통치 이념을 정리해 내놓았다. 이 세 가지 이념은 당시 조선이 처한 정치·외교·경제적 현실을 충실히 반영한 것이었다.

숭유억불은 유교를 숭상하고 불교를 억압한다는 의미다. 불교는 오랫동안 고려인의 정신과 종교 생활을 지배해왔다. 그러나 지나친 비대화로 국가 재정을 약화시켰다. 또한 고려 말에 이르러서는 심하게 부패해 더 이상 국가를 이끌어갈 이념으로 기능하지 못했다. 이에 새 국가 건설에 앞장선 유교 지식인들은 새로운 국가 이념으로써 자신들이 공부한 유학을 내세웠다.

유교를 숭상한다는 것은 조선이 문치주의 국가임을 보여준다. 태조는 무장 출신이지만 조선을 칼이 아닌 붓으로 다스리는 문치주의 국가로 건설하고자 했다. 그래서 유교를 중심으로 국가와 사회를 조직하고 운영하려 했다. 그러다보니 자연히 유교를 공부한 문신들이 국가 운영의 주도권을 장악하게 되었다. 이들은 특히 주자학을 숭상했다. 주자학은 중국 송(宋)대에 일어난 새로운 경향의 유학으로, 고려 말에 들어와 조선 시대에 성리학으로 집대성되었다.

주자학으로 무장한 태조의 참모들은 불교의 비대화와 부패상을 비판하는 데 앞장섰다. 이들은 불교 자체는 물론이고 불교와 연결된 귀족 세력도 함께 탄압했다. 그리고 수많은 불교

사원을 정리하면서 그곳에 귀속된 토지와 노비를 국가 소유로 돌렸다. 세금과 군역을 피해 스스로 승려가 되었던 양민들도 불교에 대한 핍박을 피해 환속했다. 이처럼 숭유억불 정책은 문치주의 통치 이념의 실현과 함께 국가 재정 강화에도 기여했다.

농업을 천하만사의 근본으로 보는 중농 정책은 농업 사회였던 조선의 현실을 그대로 반영한다. 당시의 대다수 백성은 농업에 종사하고 있었다. 따라서 농업을 장려하고 안정시키는 것이 최우선 과제가 되는 것은 당연했다. 우선 농사 지을 땅을 늘리는 것이 급선무였다. 이를 위해 개간 사업이 장려되었고, 농사를 짓는 데 방해되는 상업과 공업은 억제되었다.

사실 우리나라는 농사를 짓기에 유리한 환경은 아니다. 산은 많고 평야가 적은데다 사계절이 뚜렷하기 때문에 농사를 1년에 한 번밖에 지을 수 없다. 강우량이 모자라지 않으나 계절풍 지역이라 7~8월에만 집중적으로 비가 내려 늘 가물었다. 그래서 백성은 항상 가난과 배고픔에 허덕여야 했다. 그렇다고 무역이나 전쟁을 통한 약탈로 경제 문제를 해결할 수 있는 상황도 아니었다. 그러다보니 어쩔 수 없이 농사를 지어 자급자족할 수밖에 없었다. 중농주의는 그런 배경에서 나온 선택이었다.

외교적으로는 사대교린의 원칙을 주요 정책으로 삼았다.

'사대'란 강대국 명나라를 섬긴다는 뜻이고, '교린'이란 여진이나 일본 등 주변국과 우호협력 관계를 유지한다는 뜻이다. 여기서 조선이 사대, 즉 존명사대 정책을 펼칠 수밖에 없었던 이유에 대해 주목할 필요가 있다. 단순히 사대주의 근성 때문이라고 비난할 것이 아니라 국제 정세를 고려한 조선의 실리적 외교 노선으로 봐야 한다.

조선의 건국 주체들은 고려 말부터 구 귀족 세력에 맞서기 위해 반원친명 노선을 내세웠다. 당시는 원나라가 기울어가고 명나라가 대륙의 새로운 강자로 떠오르고 있었다. 이런 정세 속에서 고려가 반원 정책을 펼쳐 원나라에 빼앗겼던 국토를 회복한 것은 국가적으로도 이익이었다. 더구나 이때 태조 이성계의 집안은 원나라를 배신하고 고려를 도왔다. 그러니 이성계는 더더욱 친명파가 될 수밖에 없었다.

조선이 건국되기 직전, 이미 대륙의 패권은 명나라에 넘어가 있었다. 명나라는 주변국과의 외교와 통상 관계를 축소하는 고립주의를 고집했다. 그러니 새롭게 건국한 조선으로서는 국가의 안보와 이익을 위해서도 명나라의 환심을 사야 했다. 이것이 조선이 존명사대를 적극적으로 표방한 이유다.

비록 강대국에 머리는 숙였지만, 대신 얻을 수 있는 것은 많았다. 무엇보다 명나라를 통해 동아시아의 선진 문물이 전파되었다. 이는 조선의 체제를 정비하고 유교 문화를 확산하는 데 크게 기여했다. 따라서 명나라에 파견되는 사신들은 단순히 외교 임무만 수행한 것이 아니라 문화 전도사의 역할도 함께 했다.

조선과 명나라 사이에는 조공 관계가 형성되어 있었다. 조공을 한다는 것은 조선이 명나라의 제후 국가로서 예를 갖춘다는 의미였다. 조선은 매년 정기적으로 명나라에 사신을 보내 조공을 바쳤다. 그러나 이것은 단순히 굴욕적 복종을 의미하는 것은 아니었다. 당시 조선은 명나라와 자주 접촉하기를 원했다. 그럴수록 선진 문물을 접할 기회도 그만큼 늘어나기 때문이다. 조공은 그를 위한 구실이었던 셈이다. 또한 일본을 비롯한 주변국의 동태를 살피고 중요한 첩보를 얻기 위해서도 명나라와의 지속적인 접촉이 필요했다.

존명사대 정책은 조선의 외교 정책에서 중요한 부분을 차지했다. 이에 비해 여진이나 일본을 상대로 하는 교린 정책은 전쟁을 막기 위한 최소한의 조치에 불과했다. 조선은 사실상 얻어낼 것이 거의 없는 여진이나 일본에는 관심이 없었다. 그들을 상대해봤자 잃을 것이 더 많다고 생각했기 때문이다.

이처럼 조선 초기의 외교 정책은 철저히 실리적인 측면에서 추구되었음을 알 수 있다. 조선이 처한 정치·외교·경제적 상황에서는 최선의 노선을 선택한 것이다. 덕분에 조선은 상당한 기간 동안 평화와 안정을 누릴 수 있었다.

국호의 제정과 한양 천도

태조는 즉위한 다음 날 명나라에 사신을 보내 왕조의 교체 사실을 알렸다. 그리고 그다음 날 다시 왕조의 교체 사실을 승인해달라는 내용으로 사신을 따로 보냈다. 당시엔 조선이 정식 국호(國號)로 정해지기 전이었고, 태조의 직위도 권지고려국사(權知高麗國事: 고려의 국사를 맡아보는 사람)로 되어 있었다. 외교 문서상의 표현으로만 보면 아직 태조는 새 왕조의 시조가 아닌 고려의 유신이었다.

사신을 접한 명나라에서는 고려의 일은 고려에서 알아서 하라는 반응이었다. 그리고 국호를 새로 제정하면 즉시 알리라고 했다. 공문을 통해 이 사실을 전해들은 태조는 그날 바로 문무백관을 불러 국호 개정에 관해 의논하게 했다. 추천된 국호는 '조선(朝鮮)'과 '화령(和寧)'이었다. 조선이라는 국호는 유래가 오래되었다는 점에서, 화령은 태조의 출생지(후에 영흥으로 개칭)라는 점에서 각각 추천되었다. 태조는 두 개의 국호 후보를 명나라에 알렸다.

명나라에서는 조선을 새 왕조의 국호로 하라는 공문을 보내왔다. 공문에는 "동이(東夷)의 국호에 다만 조선의 칭호가 아름답고, 또 그것이 전래한 지가 오래되었으니, 그 명칭을 근본으로 해 본받을 것이며, 하늘을 본받아 백성을 다스려서 후

사(後嗣)를 영구히 번성하게 하라"고 적혀 있었다. 이로써 조선이라는 국호가 확정되었다.

다음으로 시급한 것이 도읍을 정하는 일이었다. 고려의 도읍은 태조 왕건 이후로 줄곧 개성(개경)이었다. 따라서 개성은 고려왕조의 상징과도 같은 곳이었다. 태조 이성계의 입장에서는 구세력이 잔존하는 곳에서 새 왕조를 시작하는 것이 아무래도 내키지 않았다. 그들은 조선 건국에 불만이 많은 세력이었다. 당장은 새 왕조에 참여하고 있지만 언제 반기를 들지 모르는 일이었다. 태조는 하루라도 빨리 새로운 도읍지를 정해 천도하고 싶었다.

처음으로 거론된 도읍지 후보는 계룡산 일대였다. 계룡산은 왕실의 태실(胎室) 자리로 추천된 곳이었다. 태조는 승려 무학(無學)과 함께 계룡산 일대를 살펴봤다. 그리고 도읍 공사를 지시하고 다시 개성으로 올라왔다. 그러나 계룡산 일대가 새 도읍지로서 모양새를 갖추어가던 중 갑자기 중지되었다. 당시 경기좌우도 관찰사였던 하윤이 올린 「상소」 때문이었다. 계룡산이 풍수상 도읍지로 적당하지 않다는 것이었다.

「상소」를 접한 태조는 정도전·남재(南在)·권중화 등을 불러 하윤이 제기한 문제가 타당한지 검토시켰다. 그 결과 하윤의 의견을 받아들였으며, 계룡산 도읍 공사는 중단되고 새로운 도읍지 물색이 시작되었다.

새롭게 추천된 곳은 무악(毋岳) 남쪽 지역이었다. 그러나 이 지역은 땅이 협소하다는 이유로 조준·권중화 등이 반대했다. 반면 하윤은 이 지역이 평양이나 개성과 비교하면 결코 협소하지 않다며 찬성의 의견을 냈다. 이렇듯 여러 신하의 의견이 엇갈리는 가운데, 최종적으로 무학과 정도전이 추천한 한양(漢陽)이 새 도읍지로 결정되었다.

태조는 1395년(태조 4) 9월에 정도전, 권중화 등을 한양에 파견해 종묘·사직·궁궐·도로·시장 등을 구획하도록 했다. 그리고 그해 12월부터 종묘의 터를 닦는 것으로 공사를 시작했다. 이듬해 2월에는 사직을, 9월에는 궁궐을 완성했다. 이어서 도성을 축조하고 사대문을 세웠다. 이렇게 한양은 도읍으로서의 모습을 갖추었다.

조선의 개국공신

태조가 조선을 건국하는 데에는 많은 참모의 도움이 있었다. 그리고 이들에 대한 논공행상이 이어졌다. 태조는 즉위와 함께 공신도감을 설치하고 개국공신 선정 작업에 들어갔다. 개국공신으로 책봉되면 특별한 과오를 저지르지 않은 이상 영예와 특권이 자자손손 이어졌다. 따라서 누가 개국공신에 포함되느냐 하는 것은 모두의 관심사였다.

태조는 1392년(태조 1) 9월에 배극렴(裵克廉)·조준 등 43명의 공신 명단을 1차로 발표했다. 그리고 그해 11월까지 9명을 추가해 총 52명의 개국공신을 확정지었다. 이들 공신은 3등급으로 나누어, 1등 공신 17명에게는 150~220결의 토지와 15~30명 정도의 노비를 하사했다. 또한 2등 공신 24명에게는 토지 100결과 노비 10명, 3등 공신 11명에게는 토지 70결과 노비 7명을 각각 주었다.

개국공신에 포함된 인물은 대부분 옥새(玉璽)를 들고 이성계의 사저로 찾아가 즉위를 권유했던 사람들이다. 그러나 이러한 공통점을 제외하면 각자 다양한 정치·사회적 배경을 지니고 있었다. 문신이 31명, 무신이 12명, 양자를 구분하기 힘든 경우가 9명이었다. 조준처럼 명문가 출신인 사람도 있었지만, 대개는 가문과 출신이 미미한 경우가 많았다. 이러한 사실만 봐도 조선 건국이 구 귀족 세력에 반발한 신흥 무장 세력과 사대부들의 정치 연합으로 이루어졌음을 알 수 있다.

개국공신 책봉에는 태조의 뜻이 전적으로 반영되었다. 조준과 정도전처럼 조선 건국에 결정적으로 공헌한 사람도 있지만, 배극렴·김사형(金士衡)처럼 태조를 추대하는 일 외에 별다른 공적이 없음에도 1등 공신에 책봉된 사람도 있었다. 이지란(李之蘭) 같은 여진족 출신도 포함되었다. 이지란은 태조의 잠저 시절부터 그를 호종하던 무인이었다. 중국에서 귀화한 이민도(李敏道)도 공신 명단에 이름을 올렸다. 그런가 하면 조준의 동생 조견(趙狷)처럼 조선 건국에 부정적인 입장에 있었던 사람까지 공신에 책봉되었다. 실질적인 공헌도 외에 태조와의 친분, 핵심 참모의 위세, 고려 구신(舊臣)에 대한 위무 등도 책봉의 기준이 된 것이다.

그런데 태조는 이방과, 이방원처럼 개국에 큰 공을 세운 자신의 아들들을 개국공신 명단에서 제외시켰다. 이런 부분이 논란의 여지를 남겼다. 아무리 아들이라도 개국공신에 포함되지 않은 것에는 불만을 품을 수도 있었다. 태조는 이를 간과했다. 결국 이들의 불만은 훗날 '왕자의 난'으로 이어졌다.

개국공신 책봉 외에도 태조는 원종공신(原從功臣)을 별도로 책봉했다. 원종공신에 책봉되면 개국공신이 누리는 특권만큼은 아니지만 여러 가지 혜택을 주었다. 직책을 올려주거나 자손에게 음서(蔭敍)의 자격을 주었다. 또한 대역죄를 제외한 범죄를 저질렀을 때 벌을 면하게 해주기도 했다. 노비 신분으로 원종공신이 된 경우에는 면천의 혜택을 주었다.

각종 문헌 기록에 따르면 태조 때 원종공신에 책봉된 사람의 수가 1,698명에 이른다고 한다. 여기에는 태조의 출신 지역인 동북면에 거주하는 친인척과 고려에서 고위 관직을 지냈던 사람도 다수 포함되었다. 이는 반역의 염려가 있는 불만 세력을 포용하려는 의도였다고 할 수 있다.

개국의 숨은 공신, 신덕왕후

태조의 둘째 부인 신덕왕후는 고려에서 삼사(三司)의 판사를 지낸 강윤성(康允成)의 딸로, 본관은 곡산(谷山)이다. 강윤성의 두 동생이 모두 재상(宰相)을 지낸 곡산 강씨 집안은 고려 시대 권문세족 중 하나였다. 변방 무인 출신인 태조가 개경에서 자리를 잡고 중앙 정계에 진출할 수 있었던 데에는 이러한 신덕왕후 집안의 도움이 컸다. 정치적인 조언뿐만 아니라 경제적인 지원도 있었다. 태조가 사병을 거느리며 신흥 무장 세력으로 성장할 수 있었던 것도 그럴 만한 재력이 뒷받침되었기 때문에 가능한 일이었다. 또한 정계의 주요 인물과 교유할 수 있도록 다리 역할을 해준 것도 신덕왕후의 친정 식구들이었다.

신덕왕후의 이러한 내조가 없었다면 과연 태조가 역성혁명의 뜻을 이룰 수 있었을까? 그런 의미에서 신덕왕후는 조선 개국의 숨은 공신이라고 할 수 있다. 태조 역시 이런 사실을 모르지 않았고, 그만큼 신덕왕후를 아끼고 사랑했다.

신덕왕후는 조선 개국 후 당당히 국모의 자리를 차지했다. 태조의 첫째 부인인 신의황후 한씨는 개국 1년 전인 1391년에 이미 세상을 떠났기 때문에 신덕왕후가 왕비에 오르는 데는 아무런 문제가 없었다. 그러나 태조가 신덕왕후 소생의 막내 아들 이방석을 세자로 삼으면서 갈등의 씨앗이 자랐다.

태조와 신덕왕후 사이에는 이방번·이방석 두 형제와 경순 공주 등 세 명의 자식이 있었다. 태조가 적장자 우선 계승 원칙을 어기면서까지 이방석을 세자에 책봉한 것은 신덕왕후의 입김이 작용한 탓이다. 물론 정도전이라는 당대의 실력자와 정치적인 결탁이 있었기에 가능한 일이었을 것이다. 어쨌든 신덕왕후로서는 방번이 됐든, 방석이 됐든 자신의 아들이 왕위를 이을 수 있다면 그걸로 만족이었다. 그러나 신덕왕후는 결국 자신의 아들이 왕위를 물려받는 것을 보지 못하고 얼마 못 가 병을 얻어 죽고 말았다. 1396년(태조 5) 8월이었다.

신덕왕후가 죽자 태조는 깊은 슬픔에 빠졌다. 그리고 손수 장례 절차를 챙기는 등 애틋한 마음을 보였다. 얼마 못 가 태조 자신도 병을 얻었다. 그리고 태조는 병중에 일어난 제1차 왕자의 난으로 신덕왕후 소생의 두 아들과 사위 이제(李濟: 경순공주의 남편)를 잃고 만다. 이 일이 있은 후 경순공주는 절에 들어가 중이 되었다.

상심한 태조는 둘째 아들 이방과에게 왕위를 선위하고 상왕으로 물러났다. 태조는 죽을 때까지 불교에 의탁해 먼저 떠난 부인과 자식들의 명복을 빌었다. 신덕왕후는 태종이 왕위에 오른 후 지위가 왕비에서 후궁으로 격하되었으며, 묘지도 정동에서 정릉으로 옮겨졌다. 죽어서도 수모를 당한 것이다.

훗날 헌종 대에 이르러서야 겨우 복위되었다.

태조와 불교를 이어준 무학

태조와 무학의 첫 만남은 고려 말로 거슬러 올라간다. 태조가 동북면 지역의 안변이라는 곳에서 살고 있을 때였다. 태조가 어느 날 꿈을 꿨다. 여러 집의 닭이 울고 있는 가운데 무너진 집에 들어가 서까래 세 개를 지고 나오자 꽃과 거울이 떨어지는 꿈이었다. 놀라 잠에서 깬 태조는 이상하게 여겨 옆집 노파를 찾아가 물으려 했다.

그러자 노파는 설봉산 굴 안에 기이한 중이 있으니 그에게 가서 물어보라고 했다. 이에 태조가 그를 찾아가 물었다. 그러자 그 중이 축하하며 "여러 집의 닭이 일시에 함께 운 것은 높은 자리에 오르게 됨을 뜻하는 것이며, 서까래 세 개를 진 것은 임금 왕(王) 자를 가리키고, 꽃과 거울이 떨어진 것은 왕이 될 징조"라고 말했다. 이 중이 바로 무학이다. 이것 역시 태조의 조선 창업에 신화적인 요소를 더한 일화라 할 수 있다. 어쨌든 이 일을 계기로 두 사람이 처음 연을 맺은 것으로 알려졌다.

무학은 1327년(고려 충숙왕 14)에 경상남도 삼기현에서 태어났다. 어려서부터 학문에 남다른 재능을 보였던 그는 출가 후 더욱 뛰어난 자질을 선보였다. 출가한 지 3년이 채 못 되었을 때 이미 『능엄경』을 공부해 깨달음을 얻었다고 한다. 홀로 수행하는 것에 한계를 느낀 그는 중국 유학길에 올랐다. 그곳에서 고려의 가장 큰스님인 나옹(懶翁)을 만났고, 그를 스승으로 모실 수 있었다. 또한 인도 출신의 중국 승려 지공(指空)도 만날 수 있었다. 이처럼 고려와 중국의 두 고승을 통해 견문과 학식을 넓힌 무학은 다시 고려로 돌아왔다.

그러나 고려의 승려들은 그를 배척했다. 불교계의 알력 관계가 영향을 미친 것이다. 그렇게 밀려난 무학은 전국을 떠돌았다. 그러던 와중에 태조를 만난 것이다.

조선을 세운 태조는 무학을 왕사(王師)에 책봉하고 극진하게 대우했다. 왕사란 말 그대로 '왕의 스승'이라는 뜻이다. 고려에서는 덕이 높은 승려를 왕의 스승으로 임명해 이에 맞게 대우했다. 유교를 국시로 삼은 조선이지만 여전히 불교의 영향력이 남아 있었고, 무학을 왕사의 자리에 앉힌 것도 이러한 전통에 입각한 것이었다. 그러나 왕사 제도는 태조 이후로 자취를 감추었다. 따라서 무학은 조선의 최초이자 마지막 왕사인 셈이다.

무학은 태조의 비호 아래 국가의 중요한 불교 행사를 주관하며 자신의 입지를 굳혔다. 또한 도읍지를 정하고 궁궐터를 정하는 등 국가의 중요한 일에 자신의 의견을 내기도 했다. 고려 불교계에서 배척받았던 무학은 태조를 만나 승려로서 누릴 수 있는 가장 큰 명예를 모두 누린 것이다.

그렇다면 태조가 이처럼 무학을 극진히 대우한 이유는 무엇일까? 물론 둘 사이의 친분이 일차적으로 작용했을 것이다. 그러나 그보다 더 중요한 정치적인 계산이 있었다. 조선은 개국과 함께 숭유억불 정책을 시행했다. 이로 인해 불교의 위세가 많이 꺾였지만, 여전히 그 영향력은 무시할 수 없었다. 개국 초 안팎으로 불안한 정국을 안정시키는 것이 최대 목표였던 태조가 불교계를 완전히 적으로 돌려세울 수는 없었던 것이다. 아직도 많은 백성과 신하들이 불교를 믿고 있었던 것이다.

그런 상황이다보니 불교계의 불만을 무마하고 민심을 달래기 위한 조치가 필요했다. 태조는 자신과 친분이 있는 무학을 앞세웠고, 무학도 이러한 태조의 뜻을 잘 알고 있었다. 그랬기 때문에 무학은 기꺼이 태조와 불교계를 잇는 다리 역할을 했다.

태조와 무학의 우정은 태조가 상왕으로 물러난 뒤에도 계속되었다. 형제들을 죽이고 왕위에 오른 태종을 못마땅하게 여긴 태조가 태종을 보지 않겠다며 함흥에 머물고 있을 때, 태조를 설득해 한양으로 돌아오게 한 것도 무학이었다. 이후 태조는 많은 시간을 무학이 주지로 있던 회암사(경기도 양주시 회암동 천보산)에서 보냈다.

한편 태종은 무학을 못마땅하게 여겼다. 태종은 불교에 대한 반감이 커서 즉위와 함께 전국의 사찰 토지를 모두 거두어 들이는 정책을 펼치려고 했다. 당시에도 태조는 회암사에 머물고 있었는데, 태종이 불교를 탄압하려 하자 고기를 먹지 않았다. 이 소식을 듣고 태종이 태조를 찾아가 고기를 드시라고 청하자 태조는 태종이 부처를 숭상하면 고기를 먹겠다고 했다. 불교에 대한 탄압을 중지하라는 압박이었다. 결국 태종은 사찰 토지 회수 정책을 철회했다.

이런 일이 있자 태종은 무학을 더욱 눈엣가시처럼 여겼다. 『실록』에 묘사된 무학의 모습이다.

"무학이 왕사가 되어 승려를 모아놓고 설법을 하는데 중간에 말문이 막히는 경우가 많았다."

"무학의 입적에 대해서도 그 모습이 평범한 사람과 다르지 않았다."

"다비를 했는데 사리가 나오지 않았다."

무학을 평가절하하려는 태종의 감정이 엿보이는 기록이다.

무학은 1405년(태종 5)에 금강산 금장암에서 78세의 나이로 입적했다. 태종은 태조의 간곡한 부탁에도 불구하고, 신하들이 반대한다는 이유로 무학의 비석을 세우지 못하게 했다. 그러다 1410년(태종 10)에 정종의 부탁으로 비석을 세웠다. 이 비는 현재 회암사에 남아 있다.

한편 무학이 죽자 불교계도 철퇴를 맞게 되었다. 태종은 전국의 사찰을 242사만 남기고 없애버렸다. 또한 철회했던 사찰 토지 회수 정책을 다시 시행했다. 태조도 더 이상 태종을 말릴 수 없었다.

조선왕조의 설계자, 정도전

조선을 건국한 태조에게는 여러 조력자가 있었다. 그중에서도 정도전의 역할은 남달랐다. 정도전은 개국과 새 왕조의 체제 정비 등 실질적인 업무를 관장했다. 사실 역성혁명의 꿈을 태조보다 먼저 꾼 사람은 정도전이었다. 그는 자신의 꿈을 이루기 위한 파트너를 찾고 있었다. 그러던 중 강력한 사병을 가진 신흥 무장 이성계를 주목했던 것이다.

1342년(고려 충혜왕 복위 3), 정도전은 대대로 경북 봉화에서 향리를 지낸 집안의 3남 1녀 중 장남으로 태어났다. 고려 시대만 하더라도 향리라고 하면 지방의 토착 세력을 의미했다. 그런데 정도전에게는 가계상의 약점이 있었다. 외조모가 천출(賤出)이었던 것이다. 이러한 집안 배경 때문에 정계에 진출한 후에도 종종 그는 정적들로부터 공격받았다. 이것도 그가 일찍이 역성혁명을 꿈꾼 이유 중 하나였다.

정도전은 아버지 정운경(鄭云敬)이 과거에 급제해 중앙에서 관직 생활을 한 덕분에 개경에서 자랐다. 그리고 정운경이 이색의 아버지와 함께 동문수학했던 인연으로 당대에 명성이 높은 유학자 이색의 문하에 들 수 있었다. 당시 함께 수학한 사람으로는 정몽주·이숭인 등이 있었다.

1362년(고려 공민왕 11), 정도전은 문과에 합격해 벼슬길에 나섰다. 그는 젊은 나이임에도 왕에게 신임받으며 승진을 거듭했다. 당시는 공민왕이 반원 정책을 펼치고 있을 때였다. 공민왕은 친원파를 척결하고 새로운 정치를 펼치고자 했다. 그러기 위해서는 자신의 뜻에 맞는 인재들이 필요했는데, 정도전은 거기에 부합하는 인물이었다.

그러나 공민왕이 암살되면서 정도전의 시련도 시작되었다. 우왕을 왕위에 올린 이인임 일파는 공민왕이 추진해오던 반원 정책을 뒤엎었다. 그리고 다시 원나라와의 친교를 모색하려 했다. 이에 정도전은 극렬하게 반대하다 결국 귀양을 가게 되었다. 정도전은 유배지에서 3년 동안 귀양살이한 것을 비롯해 전국 각지를 떠돌며 9년을 보냈다. 이 기간 정도전은 백성의 곤궁한 삶을 직접 경험하면서 위민(爲民) 사상을 정립했다. 그리고 마침내 새 시대를 열어야 한다는 원대한 꿈을 꾼 것이다.

1383년(고려 우왕 9), 정도전과 이성계의 역사적인 만남이 이루어졌다. 당시 이성계는 왜구를 치기 위해 함주에 진을 치고 있었다. 그곳을 찾아간 정도전은 이성계와 미래를 함께하기로 마음먹었다.

이후 위화도 회군으로 정권을 장악한 이성계의 추천으로 정도전은 다시 벼슬길에 올랐다. 권력의 중심에 다가선 정도전은 이성계를 왕으로 추대해 새 왕조를 열기 위한 계획을 구체적으로 세우기 시작했다. 이 과정에서 정도전은 자신의 스승, 그리고 함께 수학했던 동문과 대립하게 되었다. 이들은 성리학적 이상주의 정치에 대해 이야기했지만, 어디까지나 고려왕조를 통해 이루어져야 한다고 주장했다. 그러나 정도전의 입장에서 고려왕조는 이미 회생이 불가능한 국가였다. 오로지 새 왕조를 창업하는 것만이 그가 생각하는 정치적인 이상을 실현할 수 있는 길이었다.

사실 정도전이 이들과 함께 갈 수 없던 데는 해묵은 사연이 있었다. 이색 문하에서 함께 유학을 공부하던 시절부터 정도전은 이들과 달랐다. 비천한 가계 출신인 정도전과 달리 이들은 대부분 명문가 출신이었다. 모두가 위민을 말했지만, 정도전에게는 실체가 없는 뜬구름 잡는 소리로만 들렸다. 특히 정도전이 이인임 일파의 눈 밖에 나서 9년간 야인 생활을 할 때, 동료라고 믿었던 이들 중 정도전을 돕는 자는 아무도 없었다. 오히려 권신들 옆에서 자신들의 지위와 명성만 그대로 유지하고 있었다. 정도전의 눈에는 그런 이들이 곱게 보일 리 없었다. 그것은 이들도 마찬가지였다. 역성혁명이라는 과업을 앞두고 격돌이 불가피한 상황이 되었다. 그런데 이 와중에 이방원이 정몽주를 격살함으로써 정도전은 위기를 넘기게 되었다.

반대파가 제거되고 거칠 것이 없어진 정도전은 문무백관을 이끌고 이성계를 왕으로 추대했다. 그가 꿈꾸던 역성혁명이 이루어진 것이다. 태조는 정도전에게 통치 이념 정립과 체제 정비의 임무를 맡겼다. 조선 초기의 통치 체제는 그의 손을 거치지 않은 것이 없다 해도 과언이 아니었다. 그가 이처럼 실질적인 왕조의 설계자로 나설 수 있었던 것은 태조의 전폭적인 신임이 있었기 때문에 가능한 것이었다. 그러다보니 정도전을 시기하고 경계하는 사람이 하나둘 늘어갔다. 이방원도 그런 사람 중 한 사람이었다. 이방원은 정몽주를 제거해 정도전을 위기에서 구한 인물이었다. 그런데 이제는 정도전과 숙명의 정적이 될 운명에 처해졌다.

정도전과 이방원은 조선 건국에 가장 큰 공을 세운 당사자들이었다. 그러나 두 사람이 그린 조선의 미래는 달랐다. 정도전이 그린 조선은 재상을 중심으로 국정을 관리하는 나라였다. 왕은 그저 뛰어난 재상을 선택할 안목만 있으면 된다고 생각했다. 또한 모든 정사는 재상과 협의해 진행해야 한다고 봤다. 실제로 정도전은 이러한 생각을 실현하기 위해 제도 개혁에 착수했다. 재상이 힘을 얻으려면 먼저 그를 뒷받침할 군사력이 있어야 했다. 특히 이방과, 이방원 등의 종친과 여러 개국공신이 가진 사병부터 혁파하는 일이 급선무였다.

정도전이 이러한 정책을 강력하게 추진해나가자 종친과 무장 세력의 불만이 커져갔다. 그리고 결국 정도전은 이들의 칼에 최후를 맞게 되었다. 새 왕조를 열고 재상 중심의 유교 국가를 꿈꿨던 정도전의 꿈이 이렇게 허무하게 끝나고 말았다. 그러나 정도전의 이상은 이후 곳곳에서 빛을 발했다. 이방원은 왕위에 오른 후 정도전이 입안한 대로 사병을 혁파했으며, 정도전이 세운 통치 이념은 『경국대전(經國大典)』에 고스란히 담겨졌다.

제1차 왕자의 난

태조가 함경남도 안변 잠저 시절에 혼인한 첫째 부인 한씨는 여섯 명의 아들을 낳았다. 그러나 한씨는 조선 건국 1년 전에 죽었다. 둘째 부인 신덕왕후 강씨는 명문 가문 출신으로 태조가 개경에서 힘을 키우는 데 많은 도움을 주었다. 그리고 조선 개국과 함께 정비로 인정받았다.

신덕왕후는 두 명의 아들을 낳았는데, 개국 당시에는 너무 어려서 별다른 공을 세울 수 없었다. 장성해 조선 창업에 큰 힘이 된 전처 소생의 여섯 아들과는 대비되는 점이다. 그렇지만 태조는 신덕왕후 소생의 어린 두 아들을 각별히 사랑했다. 급기야 태조는 나이로 보나 자질로 보나 빠질 것 없는 전처 소생의 아들들을 제치고 신덕왕후 소생의 막내아들 이방석을 세자로 삼았다. 물론 여기에는 신덕왕후의 영향력이 작용했다. 또한 당시 정국 운영의 핵심 역할을 하던 정도전의 정치적인 포석이 깔려 있었다. 신권 정치를 추구하던 정도전은 어린 이방석을 세자의 자리에 두는 것이 자신에게 유리하다고 판단했다.

태조는 즉위와 동시에 강력한 정치력을 발휘했다. 정도전이라는 설계자가 있기는 했지만, 결국 새 왕조를 이끄는 힘은 태조 자신에게서 나오는 것이었다. 태조는 백성과 관리들의 호응 속에 고려 말의 혼란을 딛고 점차 안정을 찾아갔다. 그리고 강력한 중앙집권의 완성과 문치주의 실현이라는 두 가지 목표를 어느 정도 이루어나가고 있었다.

그러나 그런 가운데 불만을 품는 세력도 생겨났다. 우선 이방과, 이방원을 비롯한 전처 소생 아들들의 불만이 가장 컸다. 이들은 개국공신에서 제외되었을 뿐 아니라 어린 이복동생에게 세자의 자리마저 내준 터였다. 문신들에게 정국 주도권을 내주고 밀려난 무장 세력도 불만이 많았다. 게다가 정도전이 주도한 사병 혁파 정책은 이들 불만 세력의 위기감을 더욱 고조시켰다.

이방원은 불만 세력을 규합해 정도전 세력에 맞서기로 했다. 태조의 이복동생인 이화와 조카인 이천우(李天祐) 등 종친들이 먼저 합류했다. 무장 세력인 조영무(趙英茂)·장사길(張思吉)·이방원의 처남인 민무구(閔無咎)·민무질(閔無疾)도 든든한 지원군이 되었다. 하윤과 이숙번(李叔蕃)은 이방원의 참모 역할을 맡았다. 이방원의 형제들도 힘을 보탰다. 특히 태조의 셋째 아들 이방의와 넷째 아들인 이방간이 제일 적극적으로 나섰다.

정도전도 반대 세력의 움직임을 감지했다. 이제 누가 먼저 상대를 치느냐의 문제만 남아 있을 뿐이었다. 그러던 중 1398년(태조 7), 태조가 병으로 자리에 눕게 되었다. 이때 이방원은 군사를 일으켜 정도전·남은(南誾)·심효생(沈孝生) 등을 처단했다. 정도전이 궐 밖에 있던 왕자들에게 태조를 병문안하러 들어오라고 전갈했는데, 이방원이 이를 거사의 계기로 삼은 것이다. 무방비 상태로 궐 안에 들어갔다가는 정도전 일파의 무장 병력에게 당할 수도 있으니 역으로 그들을 공격하기로 한 것이다.

이방원은 난을 일으키기에 앞서 세자인 방석의 동복형 이방번을 불러 조용히 이르길 "나와서 나를 따르기 바란다. 종말에는 저들이 너도 보전해주지 않을 것이다"라고 했다. 그러나 이방번은 이방원의 말을 무시했다. 자신이 변변치 못해 어린 동생 이방석이 세자에 올랐는데도, 이방번은 자리를 지키고 있으면 언젠가 자신에게도 기회가 오리라 기대하고 있었다. 이방원과 그의 측근들은 그런 이방번을 비웃었다.

이방원은 정도전·남은·심효생 등이 남은의 첩 집에 모여 술을 마시고 있다는 정보를 듣고는 심복들을 보내 이들을 처단케 했다. 그런데 여러 왕자를 궁으로 불러들여 제거하려고 모의했다는 사람들이 한가하게 술이나 마시고 있었다니 뭔가 이상하다. 이방원이 나중에 태조에게 보고한 것처럼 정도전 등이 난을 일으키려고 해서 이를 먼저 제압한 것이라면 이들 쪽에게도 뭔가 군사적인 움직임이 있어야 했다. 그런데 전혀 그런 낌새가 없었던 것이다.

군사적인 움직임이 없기는 궐 안도 마찬가지였다. 세자 이방석 측은 변고가 생겼다는 보고를 듣고도 군사를 출동시키지 않았다. 궐 밖 광화문에서 남산에 이르기까지 횃불이 분주히 움직이는 것을 보고 두려운 마음에 군사를 움직이지 못했다는 것이 『실록』에 기록된 설명이다. 그러나 실상 이방원의 군대는 변변찮은 무기 조금과 병졸 몇십 명이 전부였다. 그런 이방원이 자신의 병력이 보잘것없는 것을 들키지 않으려고 일부러 병졸들에게 횃불을 들고 광화문과 남산 사이를 왔다 갔다 하도록 시켰던 것이다.

어쨌든 이방원은 별다른 저항 없이 군사를 이끌고 궐 안까지 들어갔다. 그러고는 세자 이방석과 그의 동복형인 이방번, 경순공주의 남편 이제까지 살해했다. 태조는 자식끼리 서로 죽이는 광경을 지켜봐야 했다. 이것이 이른바 '제1차 왕자의 난'이다.

이로써 이방원은 자신의 정적인 정도전 세력을 제거하고 권력을 장악할 수 있었다. 이것은 누가 보더라도 아들 이방원이 아버지 태조를 상대로 일으킨 반란이었다. 이 일로 결국 태조도 왕위를 물러나게 되었다.

조선의 신분제 정립

조선 초기, 정도전을 비롯한 사대부들이 개혁을 주도하면서 조선 사회의 신분제가 정립되었다. 조선의 신분은 양반(兩班)·중인(中人)·양인(良人)·천인(賤人) 등의 네 계층으로 구분된다. 이 가운데 특히 양반 계층이 어떻게 형성되었는지 살펴보는 것은 조선 사회를 이해하는 데 중요한 열쇠가 된다.

양반이라는 용어는 원래 관직상의 문반(文班)과 무반(武班)을 합쳐서 이르는 말이었다. 이러한 양반의 개념은 관료 제도가 정착되기 시작한 고려 초기부터 쓰였다. 그러던 것이 고려 시대를 거쳐 조선으로 넘어오면서 지배 신분층을 가리키는 개념으로 발전했다. 양반 관료 체제가 점차 자리를 잡아가면서 관직에 있는 문반과 무반뿐만 아니라 그들의 가족과 가문 까지 아울러 양반으로 불리게 된 것이다. 이들은 양반 가문끼 리 폐쇄적인 혼인 관계를 유지함으로써 상급 지배 계층으로 서의 위치를 다졌다.

조선 사회는 양반에게 많은 특권을 주었다. 이들은 우선 과 거라는 시험 제도를 통해 문·무관직에 오를 자격이 있었으 며, 관직에 오르면 나라로부터 과전을 지급받았다. 또한 국가 에 대한 공로 여부에 따라 공신전(功臣田)·사전(賜田) 등을 따 로 지급받기도 했다. 기본적으로는 양반에게도 군역의 의무 가 있었지만, 실제로는 다양한 방법으로 군역을 면제받거나 양반 자제들로 구성된 특수군에서 복무했다.

중인은 사대부 정권이 만들어낸 신분 계층이다. 사대부 양 반은 자신들의 기반을 확충하기 위해 지방 사족을 끌어들였 다. 이 과정에서 자신들에게 비협조적인 사족이나 기술관·향 리·서리 등 특정 직종에 종사하는 사람들을 중인으로 묶어버 렸다. 양반가에서 태어난 서얼도 신분상으로는 중인에 속했 다. 중인은 양인보다는 나은 대우를 받았지만, 양반에 비하면 사회적인 제약이 많았다.

양반과 중인이 법적으로 구분된 것은 아니었다. 하지만 조 선 초기에 양반 중심의 지배 계급이 형성되면서 중인에 대한 사회적인 차별도 점차 굳어졌다. 특히 고려 시대만 하더라도 지방 토착 세력으로서 영향력을 발휘하던 향리들이 조선 시대에 접어들어 중인으로 전락한 것은 중앙 관료들이 권력의 핵심을 장악하고 양반 지배 체제를 확고히 한 결과였다. 따라서 중앙 관료로 진출할 기회를 차단당한 중인은 양반 정권에 기생하면서 행정 관리의 권한을 누리거나, 전문 기술과 소양으로 부를 축적하는 등 나름의 계층 문화를 형성해나갔다.

피지배층에 속하는 양인은 일반 평민(양민·상인·상민 등으로도 불림)을 의미하기도 하지만 천인을 제외한 모든 자유민을 일컫기도 한다. 자유민으로서 양인은 원칙적으로 과거나 입공(立功: 공을 세움) 등을 통해 양반이나 중인 신분을 얻을 수 있었다. 양반 역시 4대에 걸쳐 9품 이상의 관직을 얻지 못하면 양인으로 신분이 격하될 수 있었다. 그러나 일반 평민의 신분으로 과거에 응시해 양반이나 중인이 될 확률은 매우 낮았다. 결국 조선 사회에는 양반·중인·양인·천인이 차지할 수 있는 관직이 따로 있었다.

천인은 가장 하층민이다. 이들은 사람 취급도 받지 못했다. 특히 노비는 짐승처럼 매매·증여·상속의 대상이었다. 전쟁 포로나 범죄자·채무자 등 자유민으로서 신분을 유지하지 못하는 사람이 천인에 속했다. 고려 시대에는 부곡(部曲)이라는 특정 집단에 속한 부곡민을 천인으로 분류했으나, 조선 시대에는 부곡이 대부분 해체되어 부곡민도 양인 신분이 되었다.

광대·기생·백정 등 직업은 다양했지만, 대다수를 차지하는 천인은 역시 노비였다. 노비는 주로 양반이 소유하고 있었지만, 양반이 아닌 사람도 노비를 소유할 수 있었다. 노비는 양반이 사회적 지위와 경제적 여유를 유지하는 데 필요한 노동력을 제공했다.

그래서 고려 시대에는 노비의 수를 늘리기 위해 '노비의 소생은 노비가 된다'는 노비세전법(奴婢世傳法)을 만들었다. 양반들은 이를 악용해 자신의 남자 노비를 여자 양인과 혼인시키고 그 자식을 자신의 노비로 삼는, 이른바 압량위천(壓良爲賤)의 불법을 저지르기도 했다. 그러다보니 노비의 수가 비정상적으로 늘어나게 되었다.

이러한 부작용을 완화하기 위해 조선에서는 압량위천을 금지시키고, 노비종부법(奴婢從父法: 양인 아버지의 소산을 일시적으로 양인으로 삼도록 하는 법)을 실시했다. 양인 아버지 중에서도 특히 양반이 천첩(賤妾: 종이나 기생으로서 남의 첩이 된 여자)에게서 얻은 아이를 양인으로 삼았으며, 때로는 40세가 되도록 적자가 없을 경우 천첩의 아이를 양인으로 삼기도 했다.

그러나 이것은 어디까지나 노비의 수가 지나치게 증가하는 것을 막기 위한 일시적인 수단에 불과했고, 조선 역시 기본적으로는 노비수모법(奴婢隨母法)을 따르고 있었다. 이 때문에 경우에 따라서는 같은 양반의 천첩이라도 어떤 자식은 양인

이 되고, 어떤 자식은 천인이 되는 웃지 못할 일이 벌어지기도
했다.

조선은 양반 사회였다. 그러다보니 국가의 공적인 영역보
다도 양반 개인의 사적인 영역을 더 중요하게 여기는 경향이
있었다. 이러한 분위기는 조선의 신분제를 고착시켰고, 후기
로 갈수록 병폐가 뚜렷하게 드러나게 되었다.

제2대 정종, 건국 초 혼란기에 즉위하다

제1차 왕자의 난이 만든 왕

제1차 왕자의 난 이후 공석이 된 세자의 자리에 둘째 아들인 영안군(永安君) 이방과가 올랐다. 반란을 일으킨 이방원이 그 자리를 차지할 것이라는 모두의 예상을 깬 일이었다. 그러나 태조의 미움을 산 이방원이 바로 그 자리를 차지하지 않은 것은 훗날을 도모하기 위한 선택이었다. 이방원은 난이 일어난 직후 태조에게 다음과 같은 「소(疏)」를 올렸다.

적자(嫡子)를 세자로 세우면서 장자(長子)로 하는 것은 만세(萬世)

의 상도(常道)인데, 전하께서 장자를 버리고 유자(幼子)를 세웠으며, 정도전 등이 세자를 감싸고서 여러 왕자를 해치고자 해 화(禍)가 불측한 처지에 있었으나, 다행히 천지와 종사(宗社)의 신령에 힘입게 되어 난신(亂臣)이 형벌에 복종하고 참형(斬刑)을 당했으니, 원컨대 전하께서는 적장자(嫡長子)인 영안군을 세워 세자로 삼게 하소서.

『태조실록』 14권, 태조 7년 8월 26일

이렇게 해서 세자에 오른 영안군은 곧바로 태조에게 왕위를 물려받았다. 그가 제2대 왕 정종(定宗)이다. 이는 제1차 왕자의 난이 가져온 결과였다.

태조는 왕자의 난에 마음이 무척 상했다. 난을 주도했던 이방원의 입장에서도 그런 아버지의 눈치를 볼 수밖에 없었다. 비록 태조가 몸은 아팠지만, 동북면 시절부터 그를 지켜온 쟁쟁한 무장들이 아직 그의 옆에 있었다. 또한 태조의 정치적인 영향력도 결코 무시할 수 없었다. 이방원이 정종에게 세자의 자리를 양보한 것도 그런 이유 때문이었다.

태조의 첫째 아들 이방우는 그때 이미 죽고 없었다. 이방우는 고려 말에 자신의 아버지가 역성혁명을 일으킬 뜻이 있음을 미리 알고 지방에 내려가 조용히 은신했다. 그러다 태조가 즉위하고 2년째 되던 해에 지병으로 죽었다. 따라서 둘째인 이방과가 장자의 자격으로 세자가 되었고, 이어 왕까지 된 것이다.

그렇다면 제1차 왕자의 난이 있을 당시에 정종은 어떤 역할을 했을까? 다섯째인 이방원이 주도하고 셋째 이방의와 넷째 이방간이 적극적으로 참여해 이복형제인 이방번과 이방석을 제거할 동안, 정종 이방과는 소격서(昭格殿: 국가의 제사를 주관하던 도교 기관)에서 아버지 태조의 건강을 빌고 있었다. 그는 왕자의 난에 직접 참여하지 않았다. 그런데도 왕위에 오르게 되었으니, 이 난으로 가장 큰 혜택을 입은 사람이었다.

정종은 1357년(공민왕 6)에 태어났다. 부인은 정안왕후(定安王后) 김씨로 김천서(金天瑞)의 딸이다. 정안왕후와의 사이에는 자식이 없었으며, 일곱 명의 후궁이 열다섯 명의 아들과 딸 여덟 명을 낳았다. 이 밖에 정식 후궁이 아닌 애첩들이 낳은 아들이 두 명 더 있는 것으로 알려졌다.

정종은 기골이 장대하고 무략이 뛰어난 무장 출신이다. 그는 17세부터 아버지 이성계를 따라 전장을 누비며 많은 전공을 세웠다. 위화도 회군 당시에는 평양에 남아 있었으나 소식을 전해 듣고 부친의 진영에 합류했다. 이처럼 조선을 건국할 때 정종이 세운 공은 이방원과 비교해도 결코 적지 않았다. 그러나 그 역시 다른 형제들과 마찬가지도 개국공신 선정에서 제외되었다. 그리고 정도전 등이 종친과 무신 세력을 견제하며 사병을 중앙에 귀속시키자, 그는 조용히 사태를 관망하며 자중하고 있었다. 그런데 뜻하지 않게 지존의 자리에 오를 기회가 찾아온 것이다. 정종은 자신에게 찾아온 이 기회를 놓치지 않았다.

2년의 짧은 치세

권력의 세계에 양보란 있을 수 없다. 제1차 왕자의 난을 주도한 이방원이 세자 자리를 양보한 것이라고는 하지만, 정종은 자신도 충분히 왕이 될 자격이 있다고 생각했다. 그래서 비록 2년이라는 짧은 치세였지만 적극적으로 정사에 임했다.

정종이 왕이 된 후 제일 먼저 한 일은 부왕 태조가 천도한 한양을 버리고 다시 개경으로 수도를 옮긴 것이었다. 한양은 정도전이 만들었다 해도 과언이 아닐 정도로 신진 세력의 온상이 된 곳이었다. 정도전 등이 제거되었지만, 한양은 정종에게 정치적으로 부담되는 곳이었다. 태조가 한양으로 천도한 후 많은 백성이 옮겨 오기는 했으나 아직도 많은 사람이 개경을 버리지 못하고 있었던 것도 다시 개경으로 돌아간 배경이되었다.

이유야 어찌 되었든 제1차 왕자의 난은 혈육끼리 벌인 살생이었다. 이로 인해 이씨 새 왕조를 곱지 않은 시선으로 바라

보는 민심을 수습할 필요가 있었던 것이다. 일종의 분위기 전환을 위한 조치였다.

한편 정종은 조선에서 처음으로 분경(奔競) 금지법을 실시했다. 분경이란 하급 관리가 상급 관리를 찾아가 뇌물을 바치는 것을 말한다. 분경을 금지한 이유는 엽관(獵官: 갖은 방법으로 관직을 얻으려고 하는 것)과 청탁(請託)을 막기 위한 것이었다. 이를 위해 상급 관리의 집을 직접 찾아가거나 밖에서 비밀리에 만나는 것을 금지했다. 대신 억울한 일이나 요청할 일이 있으면 소속 관청에 보고해 해결하도록 했다. 만약 이를 어길 때에는 사헌부에서 조사해 귀양을 보내는 등의 처벌을 내렸고, 평생 관직에 나가지 못하도록 했다.

이후 태종은 분경 금지를 무신에게까지 확대했고, 성종 때에 이르러 분경 금지가 다소 완화되었다. 조선 시대의 법전인 『경국대전』에 "상급 관리의 집을 방문해 엽관 운동을 하는 자는 곤장 100대의 형을 가해 3,000리 밖으로 유배 보낸다"는 분경 금지법의 내용이 실려 있다.

정종은 이 밖에도 노비변정도감을 설치해 권력층 때문에 강제로 노비가 된 양인들을 구제했다. 이는 민심을 얻기 위한 것인 동시에, 공신 세력이 권력을 독점하는 것을 막기 위한 왕권 강화책이기도 했다. 정종은 여전히 추종 세력을 거느린 상왕 태조와 원만한 관계를 유지하면서, 한편으로는 왕권 강화를 위한 노력을 계속해나갔다. 그러나 정종이 자신의 정치적인 뜻을 제대로 펼치기도 전에 국왕의 지위가 흔들리는 일이 일어났다. 제2차 왕자의 난이 일어난 것이다.

제2차 왕자의 난

정종에게는 적장자가 없었다. 그러다보니 세자 책봉을 둘러싼 왕위 계승 문제가 곧바로 정국의 핵심으로 떠올랐다. 서자들 중에서 고를 수도 있었지만, 그러기엔 이방원을 비롯한 형제들의 기세가 등등했다.

그러던 중 태조의 넷째 아들인 이방간이 박포(朴苞)와 함께 난을 일으켰다. 제1차 왕자의 난에 적극적으로 가담했던 이방간은 정종이 왕위에 오르는 것을 보고 왕위 계승에 욕심을 내기 시작했다. 그러나 명분상으로는 형 이방의에게 밀렸고, 정치적인 위상으로는 동생인 이방원에게 밀렸다. 이방간은 결국 거병의 길을 택하게 되었다.

그는 서북면(압록강 상류와 백두산 사이의 지역, 지금의 평안도) 근거지로 만만치 않은 전력의 사병을 거느리고 있었다. 여기에 박포가 합류하면서 더욱 힘이 실렸다. 박포는 원래 이방원의 수하였으나, 제1차 왕자의 난 이후 논공행상에서 밀리자 불만을 품게 되었다. 특히 이무(李茂)가 정사공신(定社功臣)

1등에 책봉된 것을 비방하다가 이방원의 눈 밖에 나서 유배를 다녀오기도 했다.

1400년(정종 2), 이방간은 동생 이방원이 자신을 죽이려고 한다는 박포의 밀고를 명분으로 난을 일으켰다. 이방간은 정종이 이방원을 껄끄럽게 생각하고 있고, 더구나 상왕인 태조가 이방원을 미워하고 있었기 때문에 내심 두 사람의 전폭적인 지지를 받을 것으로 기대했다. 그러나 이것은 그의 착각이었다.

태조는 이미 제1차 왕자의 난 때 이방간·방원 형제가 이복동생들을 죽이는 것을 보고 큰 충격을 받았다. 그런데 이번에는 동복형제들끼리 서로 죽이겠다고 군사를 움직였으니 곱게 보일 리가 없었다. 화가 난 태조는 이방간에게 욕을 퍼부으며 비난했다. 이방간은 자신을 지지하는 세력이 없다는 것을 깨달았으나 이미 돌이킬 수 없었다. 결국 이방간과 박포가 일으킨 군사는 이방원의 군대와 무력 충돌 끝에 진압되었다. 체포된 이방간이 밝힌 사전의 전모는 다음과 같았다.

지난해 동지(冬至)에 박포가 내 집에 와서 말하기를 "오늘의 큰비(大雨)에 대해 공은 그 응험을 아는가? 예전 사람이 이르기를 '겨울비가 도(道)를 손상하면 군대가 저자에서 교전한다' 했다" 하기에, 내가 대답하기를 "이 같은 때에 어찌 군사가 교전하는 일이 있겠는가?"하니, 박포가 말하기를 "정안공(靖安公)이 공을 보는 눈초리가 이상하니, 반드시 장차 변이 날 것이다. 공은 마땅히 선수를 써야 할 것이다"했다. 내가 그 말을 듣고 생각하기를 "공연히 타인의 손에 죽을 수는 없다"하여, 이에 먼저 군사를 발한 것이다.

『정종실록』 3권, 정종 2년 1월 28일

결국 박포는 사형되었고, 이방간은 이방원의 혈육이라는 이유로 목숨만은 부지한 채 유배되었다. 이것이 제2차 왕자의 난이다.

제2차 왕자의 난 이후 이방원은 이제 누구도 건드릴 수 없는 확고한 위치를 차지하게 되었다. 정국의 주도권을 잡은 이방원은 공식적으로 세자에 책봉되어 왕위 계승자의 지위까지 차지하게 되었다. 이방원이 세제가 아닌 세자에 책봉된 것은 무엇을 의미할까? 언뜻 보기에는 왕이 동생을 아들로 삼은 것처럼 보인다. 그런데 과연 그럴까?

조선왕조는 대대로 종통(宗統: 종가 맏아들의 혈통)의 문제가 정치적으로 가장 민감한 사안 중 하나였다. 특히 후기로 갈수록 종법의 적용을 둘러싸고 정치 생명을 건 직언이 이어질 정도로 중요한 문제였다. 그런데 조선 초기는 아직 성리학이 도입된 지 얼마 되지 않은 시기였다. 따라서 종법이 엄격하게 적용되지 않았을 수도 있다.

이와 관련해 『실록』에는 다음과 같은 기록이 나온다.

> 왕은 이렇게 말하였다. "(중략) 너 정안공(靖安公: 이방원)은 자질이
> 문무(文武)를 겸하고, 덕이 영명한 것을 갖추었다. 태상께서 개국
> 하던 처음을 당하여 능히 대의를 주장하였고, 과형(寡兄)이 정사
> (定社)하던 날에 미치어 특히 큰 공을 세웠다. 하물며, 구가(謳歌)
> 의 돌아가는 것이 있으니, 마땅히 감무(監撫)를 맡겨야 하겠다. 이
> 로써 너에게 명하여 왕세자로 삼는다. (중략) 이때에 대신으로서
> 헌의하는 자가 말하기를 "옛날부터 제왕이 동모제(同母弟)를 세
> 우면 모두 황태제(皇太弟)를 봉하였고, 세자를 삼은 일은 없었습
> 니다. 청하건대, 왕태제(王太弟)를 삼으소서." 하니, 임금이 말하기
> 를 "지금 나는 직접 이 아우로 아들을 삼겠다" 하였다.
>
> 『정종실록』 3권, 정종 2년 2월 4일

이방원에 대한 정종의 배려가 느껴지는 부분이다. 그러나
이방원이 세자가 된 숨은 뜻은 따로 있었다. 그가 형인 정종이
아니라 아버지 태조의 왕위를 직접 계승한다는 것을 의미했
다. 이렇게 되면 정종은 태조와 태종 사이에 그저 임시로 앉아
있었던 것이 된다. 정종이 오랫동안 묘호를 받지 못하고 '공정
왕'이라는 애매한 호칭으로 남아 있었던 것만 봐도 알 수 있

다. 정종은 사후 162년이 지난 숙종 대에 가서야 시호를 받고 정식 왕으로 인정받았다.

상황이 이렇게 되니 정종의 자리가 위태로워졌다. 설상가상으로 정종이 데리고 있던 사병 중 일부가 이방간의 반란에 가담한 사실이 밝혀졌다. 이방원을 지지하는 세력은 정종이 이방원을 견제하기 위해 이방간을 지원한 것이라며 비난했다. 결국 정종은 오래 버티지 못하고 1400년(정종 2) 11월, 세자 이방원에게 왕위를 물려주었다.

스스로 상왕의 자리로 물러난 정종은 아무런 정치적인 영향력을 발휘하지 못한 채 유폐된 것이나 다름없는 생활을 했다. 그래도 동생인 태종의 비호 속에 격구·사냥 등의 취미 생활을 즐기며 20여 년을 살다가, 1419년(세종 1)에 63세의 나이로 죽었다. 능은 황해북도 개풍군에 있는 후릉(厚陵)에 자리하고 있다.

사병 혁파

정종이 물러나기 전, 세자가 된 이방원은 사병 혁파를 주도했다. 사병 혁파는 태조가 조선왕조를 열고, 정도전이 통치 체제를 만들어가던 때부터 꾸준히 시도되었다. 그러나 이방원 자신을 비롯해 여러 왕실 세력과 무장 세력은 쉽게 사병 혁파에 동조하지 않았다. 사병을 빼앗아 중앙에 귀속시키려는 것이 자신들에 대한 탄압이라고 생각했기 때문이다. 그러나 막상 정권을 잡고 보니, 이방원의 입장에서도 사병은 혁파해야 할 대상이었다. 정권에 도전하는 입장에서는 꼭 필요한 것이 사병이었지만, 정권을 잡은 입장에서는 반드시 없어야 했다.

사병은 고려 시대부터 성행했다. 중앙 정부가 군사권을 장악하지 못하면서 힘 있는 무장들이 각지의 군사들을 사병화하기 시작한 것이다. 그런데 사병이라고는 해도 나라에서 전쟁을 치를 때면 언제든지 징집되었기 때문에 관군과 사병의 경계가 모호한 경우도 많았다. 그러다 고려 말에 접어들어 사병을 소유한 무장들이 신흥 세력을 형성하며 성장하기 시작했다. 그들은 홍건적과 왜구의 침입에 맞서 전공을 세우며 날로 세력을 다져갔다. 또한 자신에게 절대적으로 충성하는 별도의 사병을 만들어 양성하기도 했다. 태조가 조선을 건국한 것도 강력한 사병 집단이 있었기에 가능했다.

태조는 조선 건국과 함께 중앙 정부의 권력을 강화하기 위해 의흥삼군부(義興三軍府)를 설치했다. 모든 사병을 의흥삼군부에 귀속시키고 그들을 갑사(甲士)라 칭할 것을 명했다. 또한 정도전이 주창한 진법(陣法)을 전국적으로 시행했다. 진법을 통해 군을 단일 명령 체제로 정비하고자 한 것이다. 그러나 이러한 노력은 제1·2차 왕자의 난을 거치면서 허사가 되었다.

이러한 시행착오를 지켜본 이방원은 더욱 강력하게 사병 혁파를 추진했다. 왕과 세자를 지키는 별시위(別侍衛)를 제외한 모든 사병 집단을 혁파한 것이다. 정종 개인이 동북면에 거느리고 있던 사병 집단은 물론이고 자신을 지지하던 공신들의 사병도 혁파했다. 자신들의 세력 기반이 되던 사병이 혁파되자 이거이(李居易)·조영무 등은 이에 저항했다. 그러나 이방원은 그들을 가차 없이 내치며 사병 혁파에 대한 강한 의지를 드러냈다.

제3대 태종, 창업 군주를 자처하다

악역도 마다하지 않은 태종

마침내 세자 이방원이 정종으로부터 왕위를 물려받으니, 그가 바로 태종이다. 태종은 1367년(고려 공민왕 16)에 함경도 함흥에서 이성계의 다섯째 아들로 태어났다. 이름은 방원, 자는 유덕(遺德). 민제(閔霽)의 딸 원경왕후 민씨와 혼인해 4남 4녀의 자녀를 두었으며, 11명의 후궁에게서 8남 13녀를 낳았다.

태종은 대대로 동북면에서 활약한 무장 집안 출신답게 젊어서부터 호방한 무인의 기질이 있었다. 그러면서도 남다른 총명함이 있었다. 태조는 그런 태종에게 실력 있는 선생을 붙여서 유학 공부를 시켰다. 집안에 문인 한 사람 정도는 있었으면 좋겠다고 생각한 것이다. 태종은 아버지의 바람대로 문과에 급제했다. 1383년(고려 우왕 9), 대과에 급제한 태종은 신진 기예들과 교류하며 나라의 앞날을 함께 고민했다.

태조가 위화도 회군으로 정권을 장악하고 정도전 등과 함께 역성혁명을 꿈꿀 때, 태종 역시 새 왕조에 대한 꿈을 꾸게 되었다. 그리고 그는 누구보다도 적극적으로 나서서 신진 세력을 규합하고 정적들을 제거했다. 특히 고려의 충신 정몽주를 격살하도록 주도한 것은 조선 건국으로 가는 길에 남아 있던 마지막 장애물을 치운 것이나 다름없었다. 그런데 이 일로 인해 태종은 뜻밖에도 태조의 미움을 받게 되었다. 태조는 비록 자신과 길이 달랐지만, 개혁을 함께 논했던 정몽주의 깊은 학식과 인품을 높이 사고 있었다. 그런 인물을 자기와 상의도 없이 처단한 아들의 무자비함에 화가 났던 것이다.

이렇게 한번 틀어진 태조와 태종의 사이는 좀처럼 회복되지 않았다. 그리고 개국 후 개국공신 책봉 문제, 세자 책봉 문제 등에서 태종과 그의 동복형제들이 노골적으로 제외되면서 갈등은 더 커지게 되었다. 태종은 개국에 가장 큰 공을 세운 인물 중 한 사람이었지만 그에 상응하는 대우를 받지 못한 것이다.

그러다 제1차 왕자의 난이 일어났다. 『실록』에는 "봉화백

(奉化伯) 정도전, 의성군(宜城君) 남은과 부성군(富城君) 심효생 등이 여러 왕자를 해치려 꾀하다가 성공하지 못하고 형벌에 복종해 참형을 당했다"고 기록되어 있다. 그러나 이것은 태종이 내세운 구실에 지나지 않았다. 태종은 권력에 대한 야망이 누구보다 컸다. 그런 그였기에 자신의 정적을 제거하는 데는 한 치의 망설임도 없었다.

제2차 왕자의 난에 이르러서는 동복형제들끼리 칼을 겨누는 비극이 벌어졌다. 난을 일으켰던 이방간은 동생 태종의 배려로 간신히 죽음을 면했다. 그러나 처절한 권력 다툼에서 패한 그는 유배지에서 20년 넘게 숨죽이고 살다가 죽었다.

1400년(정종 2) 11월, 마침내 왕위에 오른 태종은 왕권을 강화하고 중앙집권을 확립하기 위한 작업에 들어갔다. 태종은 제일 먼저 자신을 도왔던 공신 세력과 외척을 가차 없이 제거했다. 우선 처남인 민무구·민무질·민무휼(閔無恤)·민무회(閔無悔) 4형제에게 불충의 죄를 물어 차례로 사사했다.

이어 이숙번을 비롯한 여러 공신을 자신들도 잘 모르는 사건에 연루시켜 축출했다. 또한 왕실 족보를 정리해 태조와 자신의 적자만 이름을 올렸다. 태종의 편이 되어주었던 태조의 이복형제들도 왕실 족보에서 제외되었다. 왕권을 견제할 만한 세력은 싹부터 잘라놓겠다는 것이 태종의 의지였다.

외척 세력의 제거

태종의 부인 원경왕후는 태종이 왕위에 오르는 데 결정적인 역할을 했다. 특히 제1차 왕자의 난 때는 무기와 사병을 몰래 빼돌려두었다가 태종이 먼저 정도전을 칠 수 있도록 도왔다. 또한 원경왕후의 동생 민무구와 민무질은 정도전·남은 등의 동태를 살펴 알리는 등 정변에 적극적으로 가담했다. 이러한 공으로 태종 즉위 후 두 사람은 정사 1등 공신에 책록되었다. 그러나 이들은 세자 양녕대군을 등에 업고 권세를 누렸다.

태종의 눈에 그런 그들이 곱게 보일 리가 없었다. 양녕대군은 어릴 때 외가에서 자랐기 때문에 외삼촌인 민무구·민무질 형제와 사이가 각별했다. 따라서 양녕대군이 훗날 왕이 된다면 이들이 권력을 농단하게 될 가능성이 컸다. 태종은 외척들의 발호로 왕권이 약화되는 것을 바라지 않았다. 그래서 이들을 제거하기로 마음먹었다.

1406년(태종 6) 8월, 태종은 이른바 '선위(禪位) 파동'을 일으켰다. 갑자기 세자에게 왕위를 물려주겠다고 나선 것이다. 선위 발언에 놀란 신하들은 명을 거두라고 간청했다. 종친들까지 나서서 선위는 있을 수 없다며 반대의 뜻을 밝혔다. 왕이 한창 나이이고 아직 세자가 어린데 아무런 이유 없이 선위를 하다니 말도 안 된다는 것이었다. 이렇게 선위 반대에 대한 목

소리가 커지자 태종은 며칠 만에 기다렸다는 듯이 선위 발언을 취소했다.

그런데 이 선위 파동의 불똥이 민무구·민무질 형제에게 튀었다. 영의정부사 이화(李和)가 태종의 선위 발언 당시 이들이 적극적으로 반대하지 않았다며 문제를 제기한 것이다. 이화는 「상소」를 통해 다음과 같이 말했다.

> 전하께서 장차 내선(內禪)을 행하려 할 때, 온 나라 신민이 마음 아프게 생각하지 않는 이가 없었으나, 민무구 등은 스스로 다행하게 여겨 기뻐하는 빛을 얼굴에 나타냈으며, 전하께서 여망(輿望)에 굽어 좇으시어 복위하신 뒤에 이르러서도, 온 나라 신민이 기쁘게 여기지 않는 이가 없었으나, 민무구 등은 도리어 슬프게 여겼습니다. 이는 대개 어린아이를 끼고 위복(威福)을 마음대로 하고자 한 것이니, 불충한 자취가 소연(昭然)히 나타나, 여러 사람이 함께 아는 바입니다.
>
> 『태종실록』14권, 태종 7년 7월 10일

태종이 세자에게 왕위를 물려준다고 했을 때 민무구·민무질 형제가 세자를 끼고 정권을 잡으려고 했다가 이것이 무산되자 실망하는 기색을 보였다는 것이다. 「상소」를 보면 이들이 태종에게 역심을 품었다는 뜻으로 해석할 수 있었다. 결국 민무구·민무질 형제는 불충의 죄로 쫓겨나게 되었다. 이들은 공신 자격을 박탈당하고 유배되었다. 그 후 태종이 공신들을 제거하는 과정에서 여러 사건이 일어났는데, 그때마다 이들의 이름이 자주 거론되었다. 그러다가 이들은 1410년(태종 10)에 유배지에서 스스로 목숨을 끊으라는 명을 받았다.

이 일로 외척인 여흥 민씨 세력은 크게 위축되었다. 원경왕후는 억울해하며 태종을 원망했지만, 태종은 눈 하나 깜짝하지 않았다. 오히려 후궁의 수를 늘려가며 외척에 대한 견제를 늦추지 않았다. 그리고 1415년(태종 15) 4월, 원경왕후의 동생 민무회가 노비 소송을 둘러싼 시비에 말려들어 옥에 갇히는 사건이 발생했다. 그런데 단순한 소송으로 마무리될 수 있던 이 사건이 세자의 개입으로 걷잡을 수 없는 상황으로 번졌다.

민무회·민무휼 형제가 원경왕후의 병문안을 왔다가 세자를 만났는데, 이 자리에서 민무회가 자신의 형들이 죄를 받아 가문이 패망하게 된 것에 대해 불만을 토로했다는 것이다. 세자는 곧바로 "민씨 가문은 교만 방자해 법을 어김이 다른 성씨에 비할 바가 아니니 화를 입음이 마땅하다"고 말했다. 그러자 민무회가 "세자는 우리 가문에서 자라지 않으셨습니까?"라고 했다는 것이다. 이 말이 전해지자 태종은 옥에 있던 민무회를 불충의 죄로 다스리고, 이를 묵인한 민무휼도 같은 죄로 다스리게 했다. 두 사람은 관직을 빼앗기고 서울 외곽으로 추방되었다. 이들의 입장에서는 믿었던 세자에게 배신당한 것이었다.

그 후 태종이 노비와 관계해 낳은 아기를 원경왕후가 길거리에 방치해 죽이려고 했던 과거의 일이 밝혀지면서 민무회·민무휼 형제가 그 벌을 대신 받게 되었다. 두 사람은 유배되었는데, 1416년(태종 16)에는 태종이 이들 스스로 목숨을 끊게 했다. 태종은 원경왕후마저 폐비시키려고 했는데, 원경왕후는 왕세자의 친모라는 이유로 간신히 폐서인이 되지는 않았다. 그러나 세자마저 등을 돌린 여흥 민씨 가문은 그대로 몰락하고 말았다.

조사의의 난

왕권 강화를 위한 노력에 앞서 태종이 먼저 풀어야 할 문제가 있었다. 바로 아버지 태조와 화해하는 일이었다. 개국 전까지 태종은, 태조에게 가장 자랑스러운 아들 중 한 명이었다. 그러나 권력이라는 무자비한 세계에서 아버지와 아들 또는 혁명 동지였던 이들의 관계는 여차하면 서로에게 칼을 겨눌 수 있는 위태한 상태가 되었다. 태조는 비록 상왕으로 물러났지만 여전히 군사적으로 영향력이 있었다. 특히 원래 근거지였던 동북면에서는 아직도 그에게 힘을 실어줄 무장 세력이 남아 있었다. 따라서 태조와 태종의 권력 다툼은 아직 끝난 게 아니었다.

태종 즉위 초, 태조는 동북면을 자주 왕래했다. 이러한 태조의 행동은 태종을 긴장시켰다. 태종은 즉위 전부터 태조가 동북면의 군사 기반을 장악하지 못하도록 노력했으나 쉽지 않았다. 또한 태조에게 환궁을 청한다는 명목으로 박석명(朴錫命)·성석린(成石璘) 등의 측근을 보내 동북면의 군사 동태를 살피기도 했다. 그러나 이러한 행동은 태조의 심기를 더욱 불편하게 할 뿐이었다.

그러던 중 1402년(태종 2) 11월, 안변부사 조사의(趙思義)가 반란을 일으켰다. 조사의는 태조의 계비 신덕왕후의 친척이었다. 그는 평소 태종에게 불만이 많았다. 그가 반란의 명분으로 내세운 것도 태조를 다시 옹립해 신덕왕후와 세자 이방석의 원수를 갚겠다는 것이었다. 그런데 이 반란이 하필 회암사에 머물던 태조가 선조의 능을 참배한다며 동북면을 방문한 직후에 일어났다. 조사의의 배후에 태조가 있었다고 의심할 만한 정황이었다.

조사의는 태종이 파견한 박순(朴淳)을 죽여 결의를 다진 후 반군을 이끌고 평안도로 진격했다. 반군은 동북면과 서북면의 군사 조직과 주변의 여진족까지 일부 포함하고 있었다. 이들은 맹주(현재 평안남도 맹산)에서 이천우(李天佑)가 이끄는 관군을 맞아 승리를 거두고 기병 100여 명을 생포했다. 이러한 소식을 전해들은 태종은 자신이 직접 나서 반군에 맞서기로 했다. 이거이, 조영무, 이숙번, 민무질 등 측근도 함께했다. 당시만 하더라도 아직 태종이 외척과 공신 세력을 본격적으로 제거하기 전이었다. 이들은 11월 27일 안주에서 조사의의 반군을 맞아 크게 승리했다. 사기를 잃은 반군은 뿔뿔이 흩어져 도망쳤고, 조사의는 안변에서 붙잡혀 죽음을 맞이했다.

그해 12월, 태조는 환궁해 사실상 연금 상태에 들어갔다. 이후로 태조와 태종 사이에 더 이상의 무력 충돌은 없었다. 그런데 이런 상황과 관련해 야사에는 많은 이야기가 전해진다. 가장 유명한 이야기는 '함흥차사'다. 이야기의 내용은 이렇다.

제1차 왕자의 난 이후 화가 난 태조는 상왕으로 물러난 뒤 함흥(동북면)으로 갔다. 태종이 여러 번 사자를 보내 한양으로 돌아오시라 청했으나 태조는 이를 거절했다. 거절만 한 것이 아니라 태종이 보낸 사자들을 활로 쏴 죽여버리기까지 했다. 그래서 함흥에 차사(사자)로 가면 살아서 돌아오지 못한다는 이야기가 생겨났다. 흔히 심부름을 가서 아무 소식이 없거나 돌아오지 않는 사람을 두고 비유적으로 '함흥차사'라고 하는 것도 여기에서 유래된 말이다.

함흥차사와 관련한 좀 더 구체적인 이야기도 전한다. 태종이 고민하는 모습을 보고 성석린이 차사를 자원해 함흥으로 갔다. 태조는 성석린에게 태종이 보내서 왔느냐고 물었다. 만약 그렇다고 하면 당장 활이라도 쏠 기세였다. 성석린은 본인의 뜻으로 왔다며, 만약 자신의 말이 거짓이라면 자기 아들의 눈이 멀 것이라고 했다. 성석린의 호언장담에 태조는 그를 살려주었다. 그런데 이후 성석린의 아들은 눈이 멀었다고 한다.

태조의 벗이기도 한 박순 역시 함흥에 차사로 갔다. 그는 어린 망아지를 어미 말과 일부러 떼어놓았다. 말이 슬피 울자 태조가 어찌 된 일인지 연유를 물었다. 그러자 박순은 "미물이라도 지친의 정이 있는데, 하물며 인간이야 어떻겠습니까?" 하면서 태종과 정을 끊지 말고 환궁할 것을 에둘러 말했다. 태조는 이 말에 감동했다.

그러나 태조의 주위에 있던 자들이 박순도 죽여야 한다고 목소리를 높였다. 태조는 할 수 없이 그가 아직 강을 건너지 않았다면 죽여도 좋다고 말했다. 벌써 길을 떠난 박순이 얼추 강을 건너갔을 것으로 생각하고 말한 것이다. 그런데 하필 박순은 가다가 병이 나서 예정된 시간에 강을 건너지 못했고, 결국 죽임을 당하고 말았다. 태조는 친구의 죽음에 눈물을 흘렸다고 한다.

그런데 이러한 일화들은 앞서 설명한 조사의의 난이 일어났던 당시 기록과 정황상 일치하지 않는 부분이 있다. 태조가 난에 개입된 사실을 무마하기 위해 극적으로 꾸몄을 가능성이 크다. 아무리 상왕이라도 역모에 관련된 사실이 정설로 굳어지면 태종의 입장도 난처해질 수밖에 없었던 것이다.

이 밖에 태조가 환궁한 후 태종을 왕으로 인정하기까지의 과정을 묘사한 여러 이야기가 전해진다. 마침내 태조가 한양으로 돌아온다는 소식을 들은 태종은 기쁜 마음으로 연회를 준비했다. 그런데 하윤이 태종에게 상왕의 화가 아직 덜 풀렸을지 모르니 만일을 대비해 차일(遮日: 햇빛을 가리기 위해 치는 포장, 천막)을 받치는 기둥을 큰 나무로 해야 한다고 주장했다.

태종이 이 말을 따랐는데, 과연 태조가 태종을 보자마자 활을 쏘았다. 태종은 기둥 뒤에 몸을 숨겨 위험을 피했다. 이어 태종이 태조에게 술잔을 올리는데, 이번에도 하윤이 태종에게 직접 올리지 말고 내시에게 대신 올리게 하라고 했다. 태종이 이 말에 따르니, 태조는 술잔을 받아 마시고 나서 숨겨놓았던 철퇴를 꺼냈다. 그리고 "하늘의 뜻이로다" 하면서 태종에게 마침내 옥새를 넘겼다. 이러한 일화들은 태조와 태종 사이의 천륜과 태종의 정통성을 강조하고 있다.

태조는 말년을 불가에 귀의해 조용히 참선하며 보내다가, 1408년(태종 8) 5월 24일 창덕궁(昌德宮)에서 죽었다. 능은 경기도 구리시 인창동 동구릉(東九陵) 내에 있는 건원릉(健元陵)이다.

왕권 강화를 위한 제도 정비

태종은 정종이 개경으로 옮겼던 수도를 다시 한양으로 옮겼다. 강력한 왕권 통치 기반을 다지는 데 개경보다는 한양이 훨씬 유리하다고 판단했던 것이다. 또한 태조가 심혈을 기울여 도읍을 정했던 한양에서 새롭게 시작한다는 의미도 컸다. 그런데 태종은 경복궁에 머무르는 것이 부담스러웠던지 1405년(태종 5)에 이궁(離宮)인 창덕궁을 새로 지었다. 경복궁은 자신이 제거한 정도전이 세우고, 왕자의 난으로 희생된 방석과 방번 형제가 머물던 곳이었다. 그래서 항간에는 태종이 경복궁에 머무는 것을 싫어해서 새 궁궐을 지었다는 이야기도 있었다. 어쨌든 태종이 새 궁궐을 지어 법궁(法宮)과 이궁의 양궐 체제가 시작되었다.

태종은 이어 통치 제체 정비에 나섰다. 태종의 정적이었던 정도전이 국정 운영을 재상이 주도하는 재상 중심제를 꿈꿨다면, 태종은 강력한 왕권을 바탕으로 한 국왕 중심의 통치 체제를 추구했다. 그러기 위해서 기존 도평의사사(都評議使司: 고려 말부터 국가의 중요 대사를 고위 관료가 모여서 의논하고 결정하던 의결 기관)의 업무과 권한을 대폭 축소했다.

따라서 국정 운영에서 고위 관료의 역할과 발언권이 클 수밖에 없었다. 개국 초 재상 중심의 국정 운영을 계획했던 정도전은 이러한 체제를 더욱 확고히 하려고 했다. 그러나 태종의 입장에서는 재상의 권한을 키우는 조직은 필요하지 않았다. 태종은 우선 도평의사사에서 담당하던 재정 업무를 분리했다. 그리고 나중에는 아예 도평의사사를 없애버리고 의정부라는 기관을 두었다. 삼정승을 중심으로 한 의정부는 의결 기관이라기보다는 국왕의 국정 운영에 정치적으로 조언하는 일종의 자문 기관의 역할을 했다.

이어서 행정 조직 개편을 단행했는데, 육조직계제를 만들어 기존에 도평의사사에서 하던 행정 업무를 분산시켰다. 육조는 이조·호조·예조·병조·형조·공조를 말하는 것이고, 직계란 육조에서 의정부를 통하지 않고 바로 왕에게 업무를 보고하는 결재 체제를 말한다. 이를 위해 육조의 각 장관을 정3품 전서(典書)에서 정2품 판서로 높이고, 좌·우정승이 장악했던 문무관의 인사권을 이조와 병조로 이관했다. 또한 의정부·사헌부·사간원·승정원·한성부를 제외한 나머지 90여 개의 관아를 기능에 따라 육조가 나누어 관장했다.

육조직계제가 실행되면서 재상들의 권한은 약화되고, 왕이 직접 국사를 챙기게 되었다. 이러한 강력한 중앙집권 체제는 태종 이래 여러 왕 대에서 시행되었다. 그러나 이러한 체제는 왕권을 강화하는 데는 탁월한 성과를 보였지만 이에 따른 부작용도 있었다. 왕이 혼자서 많은 업무를 처리하다보니 피로

가 누적되어 건강이 악화되는 경우가 많았다. 결국 건강상의 문제로 다시 의정부에 권한을 위임하거나 세자에게 대리청정 (代理聽政)을 시켜 업무를 분담하는 경우가 생겨났다.

다음으로 태종은 군사 제도를 정비했다. 사병을 혁파해 국왕의 친병인 갑사로 편입했으며, 왕의 호위를 위해 양반 자제 중에서 무예가 출중한 자들을 뽑아 별시위로 편성했다. 또한 태조 때 설치되었던 의흥삼군부를 승추부(承樞府)로 개편해 왕명 출납과 군기 업무를 관장했다. 이어 다시 삼군도총제부를 부활시켜 승추부와 함께 업무를 나누어 관장하다가 1405년(태종 5)에 승추부를 병조에 귀속시켰다. 이로써 병조가 군사 지휘권까지 장악하게 되었다. 1409년(태종 9)에는 11도(道)에 도절제사를 파견하고, 지방의 군대를 영진군(營鎭軍)과 수성군(守城軍)으로 정비했다.

이 시대에는 국가 재정을 튼튼하게 하기 위해 세금을 거둘 전지(田地)를 확보하는 일이 매우 중요했다. 태종은 평안도와 함경도 지역까지 양전(量田: 토지의 실제 경작 상황을 파악하기 위해 실시한 토지 측량 제도)을 시행해 120만여 결의 전지를 확보했다. 또한 사찰들이 소유하던 사원전을 혁파해 6만여 결을 확보했다. 호구법과 호패법을 실시해 호구와 인구를 파악하는 한편, 호포(戶布: 호를 단위로 베를 징수하던 세금)를 폐지해 백성의 부담을 덜어주었다.

상거래의 활성화를 위해 저화(楮貨)를 발행하기도 했다. 1401년(태종 1)에 하윤의 건의로 사섬서(司贍署)를 설치하고 저화를 주조했다. 저화는 일종의 종이 화폐로, 쌀이나 베보다 상거래 활성에 유리할 것이라는 의도로 유통되었다. 그러나 당시만 하더라도 백성은 화폐보다 물물교환에 더 익숙했다. 결국 저화는 백성의 외면으로 제작이 중단되고 점차 사라지게 되었다.

태종은 유학을 크게 장려했으며, 고려 때부터 이어온 공거(貢擧: 추천으로 인재를 뽑는 제도)와 좌주문생제를 혁파했다. 소실된 문묘를 중건하고 문묘 제도를 정비하는 한편, 묘제(廟制)·혼례(婚禮)·장제(葬制)·조관복제(朝冠服制) 등을 정했다.

신문고 설치와 서얼차대법 실시

태종이 만든 여러 제도 중 눈에 띄는 두 가지가 있다. 바로 신문고(申聞鼓)와 서얼차대법(庶孼差待法)이다.

신문고는 1401년(태종 1)에 백성이 억울한 일을 자유롭게 청원하거나 상소할 수 있도록 궐문 밖에 설치되었다. 중국 송나라에서 시행되던 제도를 모방한 것으로, 『실록』에는 "고(告)할 데가 없는 백성으로 원통하고 억울한 일을 품은 자는 나와서 등문고(登聞鼓)를 치라고 명령했다"고 나오는데, 이 등문고의 이름을 고친 것이 신문고다. 이는 민의상달(民意上達)을 제도적으로 마련했다는 점에서 의미가 있다.

백성은 억울한 일이 있으면 소재지의 관아에 신고하고, 사헌부가 이를 해결했다. 그런데 이 기관들에서도 해결이 안 될 경우는 직접 신문고를 올리게 했던 것이다. 이 제도가 남용되는 것을 막기 위해 의정부에서는 태종에게 상소해 "사적인 감정으로 원망을 품고서 무고(誣告)를 행하는 자는 반좌율(反坐律)을 적용해 참소하고 간사한 것을 막으소서"라 청하기도 했다.

조선 초기에는 관리의 권력 남용이 심해 신문고 제도를 운용하는 데 부작용도 많았다. 해당 관아에 신고하기 전에 직접 신문고를 올려 사건을 빠르게 해결해보려는 사람들 때문에 신문고를 올리는 것에 대한 여러 가지 조건이 생겨났다. 이서(吏胥)·복예(僕隸)가 상관을 고발하거나 품관·향리·백성 등이 관찰사나 수령을 고발하는 것을 금했다. 또한 남을 사주해 고발하는 자에게는 벌을 주고, 종사에 관계된 일, 목숨에 관계되는 범죄, 자기의 억울함을 고발하는 자에 한해서만 소원을 받아들였다.

이처럼 신문고 제도는 갈수록 시행에 제약이 많아졌고, 일반 백성보다는 서울 지역의 관리가 주로 이용해 본래의 민의상달 기능이 미흡해졌다. 게다가 지방에서 사용되는 경우가 없다시피 했다. 결국 신문고 제도는 연산군 대에 폐지되었다가 영조 대에 다시 부활했다.

한편 태종이 만든 제도 중 조선 시대 신분 제도의 폐해를 고착시킨 것이 있으니, 바로 서얼차대법이다. 이는 양반의 자손이라도 첩 소생은 관직에 나가는 데 일정한 제한을 두도록 한 신분차별 제도다. 고려 시대에는 양반이 첩을 두는 경우가 많아서 첩 소생의 자식이 많았다.

그런데 고려 말에 주자학이 들어와 자리를 잡으면서 유교 교리에 따라 본처 이외의 처는 모두 첩으로 보았다. 그러면서 첩 소생을 차별하는 분위기가 형성되었다. 조선 개국 후에는 이런 경향이 더욱 두드러졌고, 태종은 서얼 차별 정책을 적극 펼쳤다. 그리고 한 발 더 나아가 "서얼은 현직(顯職: 높고 중요한 직위)을 금한다"는 내용을 성문화하기에 이르렀다.

태종이 이처럼 서얼 차별을 공식화한 것은 이복형제 간에 벌어진 권력 다툼의 참상을 이미 경험했기 때문일 것이다. 자신의 입장에서 보면 이복동생 이방석은 서자였다. 그런데도 그가 적자들을 물리치고 세자에 오른 것을 내내 분하게 여겼다. 태종은 이런 일이 다시 일어나지 않도록 아예 명문화하려고 했던 것이다.

이후 서얼차대법은 세조와 성종 대에 편찬된 『경국대전』에서 좀 더 구체적으로 법제화되었다. 이러한 서얼 차별 정책은 여러 유능한 인재가 단지 서얼이라는 이유만으로 앞길이 막히는 등 불합리성을 내포하고 있었다. 결국 이들은 조선 사회의 잠재적인 불만 세력으로 남게 되었다.

태종의 대명 외교

태종은 명나라와의 외교 관계를 정상화하기 위해 힘썼다. 우선 명나라로부터 고명과 인신을 받는 것이 급선무였다. 특히 인신은 금으로 만들거나 금도금을 하므로 금도장[金印]이라고 부르기도 했다. 중국의 황제는 주변국의 왕들에게 고명을 내리면서 그 권위를 인정한다는 의미로 금도장을 주었고, 왕이나 왕비가 입을 옷 등을 보내기도 했다.

그런데 조선은 개국 후 태종이 즉위할 때까지 명나라로부터 고명과 인신을 받지 못하고 있었다. 태조는 왕위에 오르자마자 명나라에 왕조의 교체 사실을 알리고 '조선'이라는 국호 사용까지 승인받았지만, 정작 고명과 인신은 받지 못했다. 그것은 조선과 명나라 사이에 국경 분쟁 등 풀어야 할 외교 문제가 있었기 때문이다.

태조는 명나라에 사신을 보내 고명과 인신을 요청했다. 그러나 명나라 황제 홍무제는 달라는 고명과 인신은 주지 않고 조선에서 보낸 「표전문(表箋文: 황제에게 보내는 문서)」의 문구가 예의에 맞지 않다며 계속 트집을 잡았다. 그리고 「표전문」을 쓴 사람으로 정도전을 지목했다. 이것은 외교적 마찰로까지 비화되었다.

명나라에서는 사신을 인질로 잡고 「표전문」을 쓴 사람을 압송하라고 했다. 그러나 정도전은 이에 굴하지 않고 요동 정벌까지 주장하고 나섰다. 결국 조선에서는 정도전이 「표전문」을 쓴 것이 아니라며 그를 보내지 않았고, 조선의 요동 정벌은 조준 등의 반대로 무산되었다. 이러한 갈등을 겪는 동안 고명과 인신을 받는 일은 뒷전으로 밀려나게 되었다.

태조가 상왕으로 물러나고 왕위에 오른 정종도 사신을 명나라에 보내 고명과 인신을 요청했다. 당시의 상황은 정종에게 유리했다. 외교 분쟁의 당사자였던 정도전도, 명나라 홍무제도 모두 죽고 없었기 때문이다. 더구나 명나라는 내분을 겪고 있었다. 홍무제에 이어 황제에 오른 건문제는 자신에게 위협이 되는 종실을 제거하려다 오히려 그들의 공격을 받았다.

이런 상황에서 조선이 고명과 인신을 요청하자 건문제는 서둘러 이를 받아들이려고 했다. 만약 거절하면 조선이 자신의 반대 세력에 협력할까 두려웠던 것이다. 그러나 정종은 건문제의 고명과 인신을 받을 틈도 없이 태종에게 왕위를 양위해야 했다.

태종은 다시 건문제에게 고명과 인신을 요청했다. 건문제는 정종이 갑자기 태종에게 양위한 사정 등이 의심스러웠지만 자신의 사정이 더 급박했다. 결국 건문제가 보낸 고명과 인신이 1401년(태종 1) 6월 12일 조선에 도착했다. 이로써 조선은 태조가 1392년(태조 1)에 새 왕조를 세운 지 9년 만에 명나라로부터 인정을 받았다. 그러니까 명나라의 고명과 인신을 받은 조선의 첫 번째 왕은 태종이 된 것이다. 태종이 스스로를 창업 군주라 자부했던 것도 이런 배경이 있었기 때문이다.

태종은 조선의 건국 이념인 존명사대의 기조를 유지하면서 명나라 내부 사정에도 명민하게 대처했다. 종친들과 세력 다툼을 벌이던 건문제는 결국 얼마 못 가 삼촌인 영락제(永樂帝)에게 패해 자살했다. 태종은 영락제가 명나라 제3대 황제로 등극하자 하윤을 축하 사절로 보냈다. 그리고 영락제에게 새로운 고명과 인신을 요청했다. 영락제는 태종이 자신의 권위를 세워준 것에 매우 기뻐하며 새 고명과 인신을 보냈다. 하윤이 들고 온 고명과 인신은 1403년(태종 3) 4월 8일에 도착했다. 태종은 대외적으로 명나라 영락제와 우호 관계를 유지하며 안정적으로 국정을 운영할 수가 있었다.

태종의 국방 정책

조선 초기에는 여진족의 노략질이 심했다. 태종은 변방지역의 안정을 위해 때론 그들을 강경하게 진압하고, 때론 회유책으로 포용하기도 했다. 회유책으로는 귀순을 장려해 귀순해 오는 여진족에게는 관직과 토지, 집을 주어 정착할 수 있게 도왔다. 1406년(태종 6), 함경도 지역에 무역소를 설치하고 조공 무역과 국경 무역을 허락하기도 했다.

또한 한양에는 사신을 접대하는 북평관(北平館)까지 설치했다. 당시 여진은 말과 모피 등의 토산물을 바치고, 식량·의복 재료·농기구·종이 등을 교환했다. 강경책으로는 국경 지방에 진보(鎭堡: 변경에 있던 군사기지)를 설치해 방비를 강화하는 한편, 1410년(태종 10)에는 여진족 일파인 모린위(毛憐衛)·파아손(把兒孫)의 무리를 섬멸하는 등 복속하지 않는 여진족의 본거지를 토벌했다.

남방으로는 왜구의 침입에 대비하기 위해 각 도마다 군함을 10척씩 만들어 배치했다. 또한 1415년(태종 15)에는 거북선을 개발했다. 『실록』에는 거북선에 대해 다음과 같이 기록했다.

> 좌대언(左代言) 탁신(卓愼)이 병비(兵備)에 대한 사의(事宜)를 올렸다. "(중략) 여섯째는, 거북선의 법은 많은 적과 충돌하여도 적이 능히 해하지 못하니 가위 결승(決勝)의 좋은 계책이라고 하겠습니다. 다시 견고하고 교묘하게 만들게 하여 전승(戰勝)의 도구를 갖추게 하소서."
>
> 『태종실록』 30권, 태종 15년 7월 16일

거북선은 조선 수병 전략에 큰 도움이 되었으며, 훗날 임진 왜란이 일어났을 때는 이순신(李舜臣)이 거북선을 이용해 크게 전공을 세웠다.이처럼 태종은 대외적으로 외교에 힘쓰는 한편 국방에도 힘썼다. 군사 제도를 정비하고 병권을 장악한 이유는 중앙집권 강화를 위한 것이었지만, 외세의 침입에 효과적으로 대비하기 위한 것이기도 했다. 태종이 국방에 힘쓴 덕분에 세종 대에는 대마도 정벌과 북방 4군 6진의 개척 등 굵직한 대외 정벌을 성공할 수 있었다.

태종의 불교 탄압

태종은 건국 이래 시작된 숭유억불의 기조 속에서 전대보다 더 강력한 불교 탄압 정책을 펼쳤다. 태종은 유학을 공부해 문과에 급제한 사람으로서 그만큼 유학적인 학식도 깊었다. 또한 유학 사상을 숭상하고 유교 법도를 중하게 여겼다.

물론 이런 이유만으로 태종이 불교를 탄압한 것은 아니다. 불교는 고려 말부터 부패의 온상으로 인식되어 새 왕조에서는 개혁의 대상으로 지목되었다. 다만 태조와 정종은 국가 정책상으로 억불을 표방하면서도 개인적인 불심까지 버리지는 못해서 다소 온건한 방식으로 대응했다. 반면 태종은 상대적으로 불심이 적어서 좀 더 단호하게 밀어붙일 수 있었다.

태종의 불교 탄압 정책에는 좀 더 근본적인 이유가 있었다. 바로 부족한 세수 확충을 위한 것이었다. 백성으로부터 거두어들이는 세금이 있긴 했지만 그것만으로는 부족했다. 강력한 중앙집권을 위해 여러 가지 굵직한 정책 사업을 추진하다 보니 국가 재정이 바닥을 드러냈다. 공신에게 나눠 줄 몫도 없을 지경이었다.

태종 즉위 당시 전국의 사찰이 소유한 토지는 10만여 결이었는데, 이는 전체 토지 중 8분의 1에 해당되는 큰 규모였다. 이런 사찰 토지는 국가에 세금을 내지 않았다. 뿐만 아니라 사찰에 소속된 노비의 수도 많았다. 이에 태종은 사찰의 토지를 국가가 회수하고 소속된 노비도 관청 소속으로 환속시키려고 했다. 그러나 이러한 시도는 번번이 태조의 반대에 부딪혀 좌절되었다.

태종은 때를 기다렸다. 그리고 무학이 죽고 태조의 기세도 많이 꺾인 1406년(태종 6)에 마침내 전국 불교 사찰의 토지와 노비를 국가에 환속시키는 조치를 단행했다. 이때 토지 5~6만 결이 환수되었고, 8만여 명의 노비가 관청 소속으로 옮겨졌다.

이와 함께 불교계 전반에 대한 구조조정도 실시했다. 12종파였던 불교 종파를 7종파로 정리하고, 사찰도 242개만 남기고 모두 폐쇄했다. 새로 사찰을 중수하지 못하게 함은 물론이고 승려의 도성 출입도 제한했다. 또한 출가 승려에게 국가가 허가증을 발급하는 제도인 도첩제(度牒制)를 강화하고, 각종 부역에 승려를 동원했다.

이러한 조치에 반발해 승려 수백 명이 모여 궐 앞의 신문고를 두드렸지만 달라지는 것은 없었다. 이로써 고려 시대에 국가의 보호와 지원을 받으며 융성했던 불교는 쇠락의 길을 걷게 되었다.

조선 초기 왕실의 불교 문화

조선의 국가적인 불교 정책과는 별도로 태조부터 태종에 이르기까지 조선 초기 왕실에서는 불교 전통을 이어나갔다. 특히 태조 대에는 무학을 왕사로 모시고 국가적으로 큰 불교 행사도 제법 많이 개최했다.

1393년(태조 2) 4월에는 고려 말부터 중건이 시작된 연복사 5층탑 완공을 기념하는 낙성법회를 열었다. 이 자리에는 태조와 정도전, 그리고 당시 왕자 신분이던 태종이 참석해 새 왕조의 무궁한 발전과 평안을 함께 빌었다. 태조는 건국 이념으로 숭유억불을 선언했고, 정도전은 『불씨잡변(佛氏雜辨)』이라는 불교 비판서를 쓴 사람이었지만 나라의 안녕을 기원하는 불사에는 빠지지 않고 참석했다. 이는 태종 역시 마찬가지였다.

연복사는 고려 시대에 '보제사'라는 이름으로 처음 지어진 큰 사찰로, 도참설에 의거해 개성(개경)에 지어진 비보사찰이다. 비보사찰이란 기운이 약한 곳에 기운을 북돋기 위해서 지어진 절로 고려 시대엔 이러한 절이 많았다. 불심에 기대 나라의 복을 기원하는 고려의 불교 문화를 보여주는 예다.

그러나 그런 기복에도 불구하고 고려는 수많은 전란을 겪었고, 연복사 역시 전란 중에 파괴되었다. 이를 공민왕이 중건하려다가 빈약한 국가 재정 때문에 뜻을 이루지 못했다. 절을 새로 짓는 것이 불가능하여 공덕이 높은 5층탑이라도 쌓으려고 했으나 이마저도 여의치 않았다.

그러다가 고려 마지막 왕인 공양왕 때 연복사 5층탑 중건이 다시 거론되었다. 공양왕은 승려 천규(天珪) 등에게 이를 명했고, 마침내 1391년(고려 공양왕 3) 2월에 공사가 시작되었다. 한때 신하들의 반대로 공사가 중단될 위기도 있었지만, 태조가 나서서 이를 계속하도록 추진했다. 공사는 고려가 멸망하고 새 왕조가 들어서는 사이에도 계속 진행되었고, 조선이 건국된 해인 1392년(태조 1) 12월에야 완공되었다. 그리고 이듬해 봄에 단청 작업을 마무리하고 낙성법회를 연 것이다.

태조는 연복사 5층탑 낙성법회를 문수회 형식으로 진행했다. 문수회란 문수사리를 친견하는 법회로, 문수회를 설행(設行)하면 나라를 침입해 오는 외적이 스스로 물러간다는 옛말에 따라 자주 열린 호국법회다. 고려의 무장 최영도 위화도 회군 당시 개경으로 진격해 오는 이성계의 군대가 물러가주길 바라는 마음에 문수회를 열었다는 이야기가 전한다.

그렇다면 태조가 여러 신하의 반대에도 불구하고 연복사 5층탑의 중건을 강행하고, 문수회 형식의 낙성법회를 열어 모든 개국공신을 참석시킨 이유는 무엇일까? 그것은 공신들의 분열을 막고 백성의 동요를 잠재워 새 왕조를 안정과 번영의 반석에 올리고자 했던 태조의 염원이 반영된 것이라 할 수 있다.

이 밖에 조선왕실에서는 왕이나 왕비가 죽으면 능 옆에 사찰을 세워 명복을 빌고, 후손의 번영을 기원했다. 태조의 경우에는 능 옆에 개경사라는 절을, 태조의 첫째 부인인 신의왕후 능 옆에는 연경사라는 절을 지었다. 또한 태조의 둘째 부인인 신덕왕후의 능 옆에도 흥천사(興天寺)라는 절을, 태종의 부인 원경왕후의 능에도 절을 지었다. 다만 태종의 사후에는 능에 절을 짓지 않았다.

그러나 그렇다고 해서 태종에게 불심이 전혀 없었던 것은 아니다. 태종은 태조가 병이 났을 때나 원경왕후가 몸이 아플 때 궐 안에서 쾌유를 비는 불사를 벌였고, 기근이나 가뭄 등 국가 재앙이 있을 때도 불사를 자주 개최했다. 또한 불교계에 대한 강력한 구조조정을 실시하는 와중에도 자신이 어렸을 때 머물며 독서했던 각림사나, 왕이 된 후 자주 행차해 사냥하던 유점사 등의 사찰에는 토지를 지급하고 중수를 허가하기도 했다.

이처럼 조선왕실의 불교 문화는 국가 정책과는 서로 모순된 모습을 보였다. 이것은 불교 중심의 고려 문화가 새 왕조로 넘어오면서 유교 문화의 바탕을 확립하기 이전에 겪게 되는 과도기적인 모습이라고 할 수 있다.

승자의 기록, 역사서 편찬 사업

태종은 서적을 인쇄하는 주자소(鑄字所)를 설치하고 편찬 사업을 크게 일으켰다. 특히 권근과 하윤 등에게 명해 역사서인 『동국사략(東國史略)』과 『태조실록』을 편찬했다. 이러한 역사서에는 태종 시대의 정치 상황이 반영되었다. 태조가 역성혁명을 일으켜 새 왕조를 열 수밖에 없었던 이유, 태종이 왕자의 난을 거쳐 왕위에 오른 과정 등에 명분과 정당성을 부여하고자 한 것이다.

1403년(태종 3) 8월에 편찬된 『동국사략』은 권근, 하윤, 이첨(李詹) 등이 참여해 저술한 고대서다. 권근이 주도적으로 집필했으며, 단군조선부터 기자조선·위만조선·한사군·이부(二府)·삼한·삼국 시대에 이르는 역사를 기술했다. 철저히 성리학적인 명분론에 입각해 기존에 있던 『삼국유사』『삼국사기

(三國史記)』『제왕운기』 등의 역사서에 기술된 내용을 가감해서 서술하고 비평을 가했다. 특히 권근은 「서문」에서 『삼국사기』에 대해 "대의(大義)가 인경(麟經)에 어그러지고, 필삭(筆削)과 범례가 마땅함을 다하지 못했다"고 비난하기도 했다.

1408년(태종 8)에 태조가 죽자, 태종은 이듬해 『태조실록』 편찬을 명했다. 그러나 여러 신하가 시대가 머지않은데다 당시에 활동하던 인물도 모두 살아 있으니 『실록』 찬수가 시기상조라며 반대했다. 기사관(記事官)들도 후일을 기다리자고 건의했다. 그러나 태종은 이들의 의견을 받아들이지 않았다. 오직 하윤만이 "태조의 일을 한때의 사관이 어떻게 다 갖추어 기록했겠소? 족히 사실로 삼을 수 없소. 마땅히 노성(老成)한 신하가 죽지 않았을 때에 본말(本末)을 갖추어 기록해 『실록』을 만들어야 하오" 하면서 태종의 뜻을 적극적으로 수용할 것을 역설했다.

결국 사관들은 태종의 명에 따라 태조 원년부터 정종 2년까지의 사초(史草)를 제출했고, 하윤이 이를 가지고 『실록』 편찬에 착수했다. 『태조실록』은 1413년(태종 13) 3월에 총 15권으로 완성되었다. 그런데 새로 편찬된 『실록』의 내용 중에 번잡하고 중복된 기사가 많다는 이유로 개수하자는 주장이 계속 제기되었다. 또한 세종 때에 가서는 정도전의 난을 기술한 부분에 잘못된 부분이 많다는 이유로 개수되었다.

1414년(태종 14)에는 하윤 등에게 명해 태조 때 찬술된『고려사』의 내용을 개수하라고 명했다. 여기서 말하는『고려사』는 1395년(태조 4) 정월에 정도전·정총(鄭摠) 등에 의해 편년체로 서술된 37권의『고려국사(高麗國史)』를 뜻한다. 태종은 위화도 회군 이후 조선이 건국되기까지의 과정이 제대로 기술되지 않았다며 이를 고쳐 쓰라고 명한 것이다. 이 작업에는 하윤·남재·이숙번·변계량 등이 참여했는데, 1416년(태종 16)에 개수의 책임자인 하윤이 죽는 바람에 완성되지 못했다. 이후『고려사』는 세종 때 여러 차례 개수를 거쳐 문종 때에 완성본이 편찬되었다.

하윤, 태종을 도와 조선의 기틀을 다지다

태종의 묘정에 배향된 하윤. 그는 태종 연간에 재상을 지내면서 태종이 이루고자 했던 조선 창업의 기틀을 함께 다진 인물이다. 태조에게 정도전이 있었다면, 태종에게는 하윤이 있었다.

하윤은 1347년(고려 충목왕 3)에 하윤린(河允潾)의 아들로 태어났으며, 1365년(고려 공민왕 14), 문과에 급제해 관직에 올랐다. 그는 1388년(고려 우왕 14)에 우왕과 최영의 요동 정벌 계획에 반대하다가 귀양을 갔다. 위화도 회군 이후 관직이 회복된 그는 처음엔 역성혁명에 반대했다가 곧 정치적인 입장을 바꾸었다.

『실록』에는 하윤과 태종의 첫 만남에 대한 묘사가 나온다.

하윤은 여흥부원군(驪興府院君) 민제와 뜻을 같이한 친구였다. 본래 사람의 상 보기를 좋아한 하윤이 어느 날 민제에게 "내가 사람의 상을 많이 보았는데, 공(公)의 둘째 사위 같은 사람은 없었소. 내가 뵙고자 하니 공은 그 뜻을 말해주시오"라고 말했다. 그리고 민제가 이 말을 태종에게 전해 두 사람의 만남이 성사되었다. 이때부터 하윤은 마음을 기울여 태종을 섬겼다.

조선 개국 후 하윤은 새 도읍지로 무악을 추천했으나 정도전이 추천한 한양에 밀렸다. 이뿐만 아니라 국정 전반에 걸친 의견이 정도전과 서로 달라서 불화가 있었다. 그러다 제1차 왕자의 난이 일어나자 태종의 편에 서서 그를 지지했다. 『태종실록』「하윤 졸기」에는 태종이 거사를 일으키기 전에 하윤에게 의견을 묻는 장면이 나온다. 태종은 정도전이 남은 등과 세자 이방석을 끼고 여러 적자를 해하려고 하는데, 어떤 계책이 필요하겠냐고 하윤에게 물었다. 그러자 하윤은 "이것은 다른 계책이 없고 다만 마땅히 선수를 써서 이 무리를 쳐 없애는 것뿐입니다. 이것은 다만 아들이 아버지의 군사를 희롱해 죽음을 구하는 것이니, 비록 상위(上位, 태조)께서 놀라더라도 필경 어찌하겠습니까?"라고 답했다. 부왕인 태조의 눈치를 볼 것 없이 먼저 군사를 일으키라는 과감한 조언이었다. 결국 이방원은 그의 충고대로 선제 공격으로 정적을 제거하고 권력을 장악했다. 그 공으로 하윤은 정종 즉위 후 정사 1등 공신에 책봉되었다.

그리고 마침내 제2차 왕자의 난 이후 태종이 왕위에 오르니, 하윤 역시 재상에 올라 태종의 국정 운영을 도왔다. 태종이 왕권 강화를 위해 외척과 이거이·조영무·이숙번 등의 측근 세력을 숙청할 때도 하윤은 건재했다. 하윤은 어떠한 일을 계획하고 추진할 때 혁신적이고 과감한 면모를 보여주었다. 또한 자신이 옳다고 생각하면 포기하지 않는 우직함도 있었다. 그러면서도 왕권을 위협하지 않는 2인자로서의 본분을 지켰다. 이것이 그가 끝까지 태종 곁을 지킬 수 있었던 비결이다.

하윤은 1416년(태종 16)에 선왕의 능침을 순시하러 함길도로 갔다가 그곳에서 병을 얻어 죽었다. 태종은 하윤의 죽음을 몹시 슬퍼했다.

수성을 위한 선택, 세자 교체

태종은 1404년(태종 4)에 첫째 아들 양녕대군을 왕세자에 책봉했다. 이때 양녕대군의 나이는 11세였다. 1394년(태조 3)

에 원경왕후와 태종 사이에서 태어난 양녕대군은 어렸을 때 외가에서 자랐다. 그래서 외할아버지인 민제를 비롯해 외삼촌인 민무구·민무질·민무휼·민무회 형제와 각별한 사이였다. 그러나 태종이 민씨 세력을 제거하려고 할 때 양녕대군은 이들에게서 등을 돌렸다. 이들을 섣불리 옹호했다가는 자신의 자리도 위태로워진다고 생각했던 것이다.

기질이 자유분방한 양녕대군은 어려서부터 착실히 공부하기보다는 말타기·활쏘기 등 활동적인 일을 좋아했다. 성인이 된 후에는 여색을 즐겨 자주 궁궐 밖으로 나가 기생들과 어울려 놀았다. 이런 양녕대군이 태종은 눈에 차지 않았다. 양녕대군의 기행이 거듭될수록 그의 주변 사람이 대신 벌을 받는 경우가 많았다. 태종이 세자의 외가인 여흥 민씨 집안의 형제들을 제거한 것도 세자가 못미더웠기 때문이다.

양녕대군도 태종이 자신을 못마땅하게 여기는 것을 모르지 않았고 두려워하는 마음도 있었다. 그러나 잘못을 저지르고 나면 반성도 그때뿐 또다시 기행을 저질렀다. 그러던 중 양녕대군이 곽선(郭璇)이라는 사람의 첩 어리(於里)와 간통을 저지른 일이 발각되었다. 양녕대군은 어리에게 완전히 빠져서 동궁전에 데려다놓고 정을 통하다 아이까지 낳았다. 이 사실을 안 태종은 노발대발했다. 그리고 당장 어리라는 여인을 궁중에서 내쫓으라고 명했다. 어리를 잊지 못한 양녕대군은 그녀를 장인인 김한로(金漢老)의 집에 숨겨두고 몰래 만났다. 이러한 사실을 모두 안 태종은 결국 김한로를 귀양 보냈다. 그리고 이번만큼은 양녕대군을 용서하지 않았다.

태종은 양녕대군을 폐세자하기로 하고 여러 대소신료에게 "양녕의 두 아들 중 첫째로 하여금 세자의 자리를 잇게 할 것이니 왕세손(王世孫)이라 칭할지, 왕태손(王太孫)이라 칭할지 의논해 아뢰라"고 했다. 이것은 양녕대군을 폐세자 하더라도 적장자 계승의 원칙만은 깨고 싶지 않았던 태종의 의중이 드러난 말이었다. 태종은 스스로 적장자 계승의 원칙을 무시하고 왕위에 오른 일이 항상 마음에 걸렸던 것이다.

그러나 양녕대군의 첫째 아들은 다섯 살에 불과했다. 태종의 뒤를 바로 잇기에는 나이가 너무 어렸다. 신료들 사이에서도 의견이 분분했다. 어리더라도 양녕대군의 아들을 세손(世孫)으로 삼아야 한다는 의견과, 태종의 다른 아들 중에서 어진 자를 세자로 삼아야 한다는 의견이 맞섰다. 태종이 선뜻 어떠한 의견도 받아들이지 못하자 일부 신료는 점을 쳐서 선택하자는 의견을 내기도 했다.

태종은 원경왕후에게도 의견을 물었다. 평소 양녕대군에 대한 사랑이 남달랐던 원경왕후는 "형을 폐하고 아우를 세우는 것은 화란(禍亂)의 근본이 됩니다"라고 말했다. 이미 형제 간의 권력 다툼을 경험한 태종도 이 말에 동의했다.

그러나 얼마 후 태종은 박은(朴블)·유정현(柳廷顯)·조말생(趙末生) 등의 의견을 받아들여 양녕대군의 아우들 중에서 어진 사람을 세자로 삼겠다고 발표했다. 사실 태종은 오래전부터 마음에 둔 아들이 있었다. 바로 셋째 아들인 충녕대군이었다. 충녕대군은 어렸을 때부터 책읽기를 좋아했으며, 천성이 총명하고 민첩했다. 태종이 자신의 후계자로 삼기에 충분한 자질이었다. 장자가 아닌 것이 마음에 걸렸지만 "금일의 일은 어진 사람을 고르는 것이 마땅하다"며 용단을 내렸다. 이렇게 1418년(태종 18), 충녕대군이 폐세자 양녕대군을 대신해 세자에 책봉되었다.

양녕대군이 폐세자 된다는 말을 듣고 태종의 둘째 아들 효령대군이 열심히 공부했다. 이를 본 양녕대군이 발로 툭 차며 "어리석도다! 충녕에게 제왕의 덕이 있는 것을 네가 알지 못하느냐"라고 했다. 그러자 효령대군은 곧 뒷문으로 나가 절간에 들어갔다고 한다. 양녕대군이 기행을 일삼았던 것은 자신보다 자질이 뛰어난 충녕대군에게 왕위를 양보하기 위해 일부러 그런 것이라는 설도 있다.

그러나 이유가 어찌 되었건 양녕대군이 왕세자로서 적절치 못한 행실로 부왕인 태종의 심기를 불편하게 한 것은 사실이다. 그리고 태종은 자신이 단단하게 다진 강력한 왕권을 이어받을 수성 군주로 충녕대군을 지목했다. 결국 이것은 현명한 결정이었다. 왕권 강화를 통해 새 왕조를 안정시킨 태종은 세종이라는 유능한 후계자를 만나 창업에서 수성으로 이어지는 정치 과업을 달성할 수 있었다.

태종의 상왕 정치

1418년(태종 18) 8월, 태종은 충녕대군에게 왕위를 물려주었다. 이는 충녕대군이 세자에 오른 지 불과 두 달여 만에 일어난 파격 행보였다. 이로써 조선 제4대 왕 세종의 시대가 열렸다. 그러나 태종이 상왕으로 물러났다고 해서 그의 일이 끝난 것은 아니었다. 이때부터 태종의 상왕 정치가 시작되었다.

태종이 급하게 선위를 결정한 것은 하루라도 빨리 세종이 수성 군주로서의 면모를 갖추기를 바라는 마음에서 비롯된 것이다. 충녕대군은 기본적인 성품과 자질이 있었다. 그러나 왕이 된다는 것은 또 다른 문제였다. 태종은 세자의 이름으로 오랜 기간 교육을 받는 것보다는 바로 실전에 투입하는 것이 더 낫다고 판단했다. 무엇보다 자신이 아직 건재할 때 왕위를 물려주어야 자신이 확립한 강력한 왕권의 분위기를 이어갈 수 있다고 생각했다. 또 한 가지, 적장자 계승 원칙을 무시하고 왕위에 오른 세종에게 권위를 부여하려면 태종의 후광이 어느 정도 필요하다는 판단도 있었을 것이다. 이것이 태종이 서둘러 상왕 정치를 시작하게 된 계기였다.

태종은 여러 대소신료에게 자신이 상왕으로서 하게 될 역할에 대해서 분명히 말했다.

> 주상(主上)이 장년이 되기 전에는 군사(軍事)는 내가 친히 청단(聽斷)할 것이다. 또 나라에서 결단하기 어려운 일은 의정부·육조로 하여금 의논하게 하여 각각 가부(可否)를 진달(陳達)하게 하여 시행하게 하고, 나도 마땅히 가부의 한 사람으로서 참여하는 것이 가(可)하다.
>
> 『태종실록』36권, 태종 18년 8월 10일

이는 선대왕들이 상왕으로 물러난 이후 정사에 전혀 관여하지 않았던 것과는 대조적인 모습이었다.

태종 자신은 이미 비정한 임금이라는 낙인이 찍혀 있었지만, 세종만큼은 어진 성군으로서 정사에만 집중하기를 바랐다. 그래서 자신이 세종을 대신해 폐세자 양녕대군의 지지 세력을 경계하는 한편 외척 제거에도 나섰다. 태종의 제거 대상이 된 외척은 세종의 정비 소헌왕후(昭憲王后)의 아버지 심온(沈溫)을 비롯한 청송 심씨 집안이었다.

심온은 세종이 왕위에 오르면서 영의정부사에 임명되어 명나라에 사은사로 가게 되었다. 그런데 그가 명나라에 가 있는 동안 그의 동생인 심정(沈泟)이 상왕 태종의 병권 장악에 대해 불평한 사실이 알려졌다. 사건의 발단은 1418년(세종 즉위)에 있었던 강상인(姜尙仁)의 옥사였다. 강상인은 당시 병조참판이었는데, 태종이 군사에 관한 것은 친히 청단하겠다고 못 박았음에도 불구하고 군사 관련 보고를 세종에게만 했다. 이에 화가 난 태종이 강상인을 의금부에 하옥해 국문했다. 그런데 이 과정에서 강상인이 심정과 심온의 이름을 거론한 것이다. 심정이 말하길 "군사는 마땅히 한곳으로 돌아가야 한다"고 했다는 것이다. 이것은 태종이 가지고 있는 병권을 세종에게 넘겨야 한다는 것을 의미했다.

결국 강상인과 병조판서 박습(朴習) 등이 태종과 세종 사이를 이간해 부자의 정을 끊으려 했다는 죄목으로 처형되었으며, 심정 또한 대질심문의 기회도 없이 처형되고 말았다. 이 일로 심온도 명나라에서 돌아오는 길에 체포되어 사약이 내려졌다. 이때 신료 중에는 세종의 장인인 심온이 불충의 죄를 지었으니 그의 딸인 소헌왕후도 폐비해야 한다고 주장하는 자가 있었다. 그러나 태종은 소헌왕후 폐비에 극렬하게 반대했다. 훗날 심온의 죄는 태종과 좌의정 박은(朴訔)의 무고로 밝혀져 신원되었다.

이처럼 상왕으로 물러난 뒤에도 끝까지 왕권 강화의 의지를 놓지 않았던 태종은 세종에게 태평성대의 기반을 마련해

주고 1422년(세종 4)에 56세의 나이로 세상을 떠났다. 재위 기간은 18년, 상왕으로 있던 기간은 4년이었다. 능은 서울시 서초동 내곡동에 위치한 헌릉(獻陵)이다.

제4대 세종, 조선의 태평성대를 열다

수성 군주의 탄생

세종은 1397년(태조 6)에 태종과 원경왕후 사이에서 셋째 아들로 태어났다. 이름은 도(裪). 왕자 시절의 군호는 충녕대군으로, "총명하고 학문을 좋아해 덕망(德望)이 날로 높아지니 중외(中外)에서 마음이 쏠리고, 양궁(兩宮)이 총애하기를 더욱 성(盛)하게 했다"는 평가를 받았다. 태종은 세종의 남다른 총명함에 기뻐하면서도 세자인 양녕대군의 학식과 덕성이 이에 미치지 못함을 항상 걱정했다. 그러다 결국 1418년(태종 18) 6월, 태종은 양녕대군을 폐세자하고 충녕대군을 대신 세자에 책봉했다.

물론 태종이 충녕대군의 세자 책봉을 쉽게 결정한 것은 아니었다. 처음에는 양녕대군의 큰아들을 세자로 세우려고 했다. 그리고 이 문제를 신하들에게 의논하게 했는데 의견이 분분했다. 당시 양녕대군의 아들이 너무 어렸기 때문이다. 특히 박은, 유정현, 조말생 등은 어린 양녕대군의 아들 대신 어진 사람을 세자로 세워야 한다고 했다. 여기서 어진 사람은 충녕대군을 의미했다.

그러나 적장자 계승 원칙을 무시하고 충녕대군을 세자로 삼기에는 부담이 컸다. 태종비 원경왕후도 양녕대군의 형제 중에서 세자를 삼으면 훗날 큰 문제가 생길 수 있다며 반대했다. 이런 여러 의견 속에서 태종은 결국 충녕대군을 세자의 자리에 앉히기로 결단을 내렸다. 군주로서의 자질을 가장 크게 본 것이다. 태종은 「교서」를 내려 양녕대군을 폐세자하는 이유를 다음과 같이 밝혔다.

> 세자를 세움에 있어서 어진 이를 가림이란 고금에 커다란 의리이고, 죄가 있을 때는 의당 폐해야 함은 국가의 마련된 법이다. 일은 한 가지에 얽매이지 않고 이치에 알맞게 할 따름이니, 내 일찍이 맏아들 제(禔)를 세워 세자로 삼았으나, 나이가 이미 장성했어도 불행히 학문을 사랑하지 않고 음악과 여색에 마음이 쏠리었

다. 내 처음에는 그가 젊은 만큼 나이가 장성하면 잘못을 뉘우치고 새로운 길을 찾으리라 바랐더니, 이제 나이가 스물이 넘도록 오히려 군소배와 사통해 의롭지 않은 일을 방자히 저지르다가 지난해 봄에 일이 발각되어 죽임을 당한 자가 두어 사람이나 되었다. 제가 그제야 그 허물을 상세히 기록하여 종묘에 고하고 나에게 글을 올려 마치 스스로 뉘우치는 듯이 하더니, 얼마 안 되어 또 간신 김한로의 음모에 빠져서 다시 전철을 밟게 되었다. (중략) 내 부득이 제를 밖으로 추방하고 충녕대군 이도(李祹)를 세워 왕세자로 삼게 되었다.

『태종실록』35권, 태종 18년 6월 3일

한번 결정을 내린 태종은 망설임 없이 세종을 수성 군주로 만들기 위한 계획을 실행했다. 세종이 세자에 오른 지 한 달도 채 못 되어 선위를 발표한 것이다.

내가 재위(在位)한 지 지금 이미 18년이다. 비록 덕망은 없으나 불의한 일을 행하지는 않았는데, 능히 위로 천의(天意)에 보답하지 못하여 여러 번 수재(水災)·한재(旱災)와 충황(蟲蝗)의 재앙에 이르고, 또 묵은 병이 있어 근래 더욱 심하니, 이에 세자에게 전위(傳位)하려고 한다.

『태종실록』36권, 태종 18년 8월 8일

그러나 이러한 태종의 말은 핑계에 불과했다. 태종은 원경왕후가 걱정한 훗날의 큰 문제를 미연에 방지하려고 했다. 즉 자신이 아직 건재할 때 누구도 세종의 왕권을 위협할 수 없게 만들려고 한 것이다. 원경왕후의 친정인 여흥 민씨 세력을 견제하면서 폐세자 양녕대군 주변 세력의 발호를 차단하려고 애써왔지만, 14년이나 세자 자리에 있었던 만큼 여전히 양녕대군을 지지하는 세력이 강했다. 만약 자신이 죽고 없을 때 세종이 왕위에 오르면 원경왕후를 비롯한 양녕대군의 지지 세력이 무슨 꼬투리를 잡아 왕권을 흔들지 알 수 없는 일이었다. 이들이 세종에게 방해되는 일이 없도록 세종이 위치를 확고히 다질 때까지 태종이 상왕으로 있으면서 그들을 견제하고, 또 필요하다면 제거하기로 한 것이다.

결국 세종은 이러한 태종의 뜻에 따라 세자에 책봉된 지 겨우 두 달 만인 1418년(태종 18) 8월에 왕위에 올랐다. 당시 세종의 나이 22세였다. 이미 성년의 나이였지만 세종은 세자로서 군왕 수업을 따로 받을 시간이 없었기 때문에 독자적인 정치력을 발휘하는 데 한계가 있었다. 세종은 한동안 모든 정사를 부왕인 태종과 의논해 결정했다.

그러다보니 상왕인 태종이 실권을 쥐고 있는 것이나 다름없었다. 태종은 세종이 30세가 될 때까지 권력의 핵심인 병권을 자신이 맡겠다고 공표하기까지 했다. 그리고 과정에서 불만을 표출하는 인사들은 과감히 축출했다. 또한 세종의 외척 세력도 견제했다. 세종의 왕권 강화를 위해서라면 악명도 두려워하지 않았다. 덕분에 세종은 안정된 정국 속에서 성군의 길로 나아갈 수 있었다.

1420년(세종 2)에 원경왕후 민씨가 먼저 세상을 뜬 데 이어, 1422년(세종 4)에 태종도 세상을 떴다. 태종은 세종이 30세가 될 때까지 상왕 정치를 하겠다고 했지만 4년 만에 죽고 말았다. 그러나 4년 동안 태종은 자신의 구상대로 왕권을 안정적으로 다져놓았다. 세종은 이 기반 위에서 자신의 독자적인 정치력을 발휘하게 되었다.

세종의 자질과 성향

세종은 어려서부터 책 읽기를 좋아했다. 책 한 권을 잡으면 100번을 반복해서 읽었고, 어떤 책들은 200번을 읽었다고 한다. 기억력이 비상해 한 번 읽은 내용은 절대 잊어버리는 일이 없었지만, 아는 내용도 반복해 읽음으로써 학문의 깊이를 더했다. 책을 너무 많이 읽어서 태종이 세종의 건강을 염려할 정도였다. 세자 시절에 몸이 불편할 때에도 책 읽기를 그만두지 않아 병이 점차 심해지자, 태종은 내시를 시켜 책을 모두 거두어 가지고 오게 했다. 그런데 『구소수간(歐蘇手簡)』이라는 책한 권이 병풍 사이에 남아 있었다. 세종은 이 책을 1,100번이나 읽었다고 한다.

끝없는 책 읽기와 학문 탐구로 세종은 유교에 정통했다. 세종의 이런 학문적 소양은 유교 지식인들로 구성된 신료와 함께 문치주의(文治主義: 예와 덕을 바탕으로 하는 유교 이념에 따라 나라를 다스리는 정치 형태) 체제를 확립하는 데 큰 몫을 했다. 이는 이전 왕들과는 다른 통치 방식으로, 이후 조선 지배 체제의 근간이 되었다.

태종이 용맹스럽고 호전적이며 과단 있는 성격이었던 데 비해, 세종은 신중하고 조심성 있으며 인내심과 끈기가 강한 성격이었다. 형제 중에는 작은 일에 구애받지 않고 대담하며 활쏘기에 능한 양녕이 오히려 태종을 닮은 편이었다. 그러나 세종은 일을 추진할 때만큼은 강한 추진력을 발휘했으며, 한 번 결정한 일은 끝까지 밀고 나갔다. 때론 조신들이 강력하게 반대하는 일에도 소신을 굽히지 않았다. 폐세자인 양녕대군을 극진히 대접한 일이나, 첨사원(詹事院)을 설치해 세자(문종)에게 섭정(攝政)을 시킨 일, 그리고 내불당 설치를 끝내 고집한 것 등이 대표적인 예다.

세종은 바둑 같은 잡기나 서도(書圖)는 좋아하지 않았지만 음악에는 남다른 재능이 있었다. 이론은 물론이고 작곡에도 능했다. 박연(朴堧) 등을 시켜 아악과 향악(鄕樂)을 정리하고 편경(編磬)과 정간보(井間譜)를 만든 일, 그리고 『월인천강지곡(月印千江之曲)』을 직접 지은 것 등은 세종의 음악적인 재능을 보여준다.

세종은 추상적이고 모호한 것을 싫어하고, 구체적이고 명백한 것을 좋아했다. 대외 관계에서는 명나라에 대한 지성사대(至誠事大)를 표방했으나 맹목적인 사대는 아니었다. 국익에 위배되는 일에 대해서는 독자적이고 자주적인 태도를 보였다. 『고려사』를 편찬할 때 직서주의(直書主義)를 채택해 고려시대 당시에 사용한 용어를 원래의 기록대로 직서한 일이나, 단군(檀君)과 기자(箕子)의 사당을 지은 것 등이 그 예다.

종교적으로는 불교에 심취하고 풍수지리와 무속 신앙에도 관대했지만, 학문적으로는 철저히 주자학을 신봉했다. 세종은 명나라에서 편찬된 『성리대전(性理大全)』『사서대전(四書大全)』『오경대전(五經大全)』 등 3대전을 들여와 경연에서 열심히 강독했다. 그 외에도 『대학연의(大學衍義)』『통감(通鑑)』『강목(綱目)』 등을 경연에서 강독하기도 했다. 세종은 경전이나 역사를 공부해 이를 서적 편찬과 예법 정리에 활용했다. 철저히 실무적이고 현실주의적인 입장에서 경사(經史)를 연구했던 것이다. 이러한 세종의 정치 철학은 집현전과 의례상정소를 통해 실현되었다.

5명의 후궁과 22명의 자녀

세종은 종친 간에 우애가 깊었다. 특히 양녕대군에 대해서는 자신이 형의 자리를 빼앗은 것으로 여겨 늘 미안하게 생각했다. 그래서 양녕대군을 서울로 불러들이지 말라는 태종의 유교(遺敎)와 조신들의 강력한 반대에도 그를 왕실 가까이 불러들였다. 그리고 자주 주연을 베풀고, 죽기 전에는 양녕대군의 집에서 피접(避接: 요양)하기도 했다.

한번은 세종이 양녕대군의 집으로 이어(移御: 거처를 옮김)하려고 하자 사간원에서 이를 반대하고 나섰다. 그러나 세종은 "양녕은 내가 항상 함께 있고자 했고, 또 그 집이 새로 지어져서 창활(敞豁: 넓게 뚫림)하니 이어할 데가 이만한 곳이 없다. 하물며 양녕이 다른 곳으로 옮긴 것이랴. 만일 그 죄를 말한다면 그럴듯하지마는, 그 집에 이어할 것이 아니라고 말하는 것은 옳지 않다. 너희는 다시 말하지 말라"고 하면서 자신의 뜻을 굽히지 않았다.

둘째 형인 효령대군과도 우애가 깊었다. 효령대군은 충녕대군처럼 독서를 즐겼지만 활쏘기에도 능해 태종을 따라 사냥터에 다니곤 했다. 효성이 지극했던 그는 형인 양녕대군이 세자에서 폐위되자 자신이 세자로 책봉될 것으로 생각했다. 그러다 동생 충녕대군이 세자로 책봉되자 마음을 비우고 불교에 심취했다. 세종은 종종 효령대군의 집에 들르곤 했는데, 그러면 밤이 깊도록 국사를 의논했다고 한다. 또한 세종은 수많은 유신의 반대에도 불구하고 효령대군이 승도(僧徒)를 모아 불경을 강론하도록 했다.

세종은 세자에 책봉되기 전인 1408년(태종 8년)에 심온의 딸(소헌왕후)과 혼인했다. 세종과 소헌왕후는 부부 금실이 좋았다. 그래서 오히려 외척 세력을 경계했던 태종은 크게 걱정했다. 결국 소헌왕후의 아버지 심온은 박은의 무고로 강상인의 옥사가 발생했을 때 주모자로 몰려 죽게 되었다. 이때 죄인의 딸인 소헌왕후도 폐비해야 한다는 주장이 있었다. 그러나 태종이 이를 허락하지 않았다. 소헌왕후를 몹시 아끼는 세종이 상심할까 염려되었기 때문이다.

태종 사후 의정부를 비롯해 여러 중신이 심온의 옥사가 엄정하게 처리되지 못함을 여러 차례 논했다. 그러나 세종은 "부왕(父王) 때의 일이므로 경솔히 논의할 수가 없다"는 말로 심온의 문제에 대해 신중하라고 명했다. 결국 심온은 끝내 세종 대에 신원되지 못하다가 문종이 즉위한 후에 관작이 복구되고 시호가 내려졌다.

소헌왕후는 1446년(세종 28)에 죽었다. 이때 세종이 몹시 슬퍼했다. 태종의 능인 헌릉 서쪽에 장사지냈다가 후에 세종의 능인 영릉(英陵)으로 이장해 세종과 함께 묻혔다. 예조판서 정인지가 지은 「지문(誌文)」에는 다음과 같은 글로 소헌왕후의 인품을 평가하고 있다.

> 왕후가 인자하고 어질고 성스럽고 착한 것이 천성(天性)에서 나왔는데, 중궁(中宮)에 정위(正位)한 뒤로는 더욱 스스로 겸손하고 조심해 빈잉(嬪媵)을 예(禮)로 접대하고, 아래로 궁인(宮人)에 미치기까지 어루만지고 사랑해 은혜를 가하지 않음이 없으며, (중략) 국모(國母)로 있은 지 29년 동안에 경계(儆戒)의 도움이 있고, 연안(宴安: 편안히 지냄)의 사사(私事)가 없었으며, 한 번도 친척을 위해 은혜를 구하지 않았으며, 또 절대로 바깥일에 참여하지 않고 비록 궁중에서 날마다 쓰는 자디잔 일이라도 반드시 위로 들리어 감히 임의로 하는 일이 없었다.
>
> 『세종실록』 112권, 세종 28년 6월 6일

세종과 소헌왕후는 8남 2녀의 자녀를 낳았는데, 첫째 아들이 문종이고, 둘째 아들이 세조(수양대군)다. 그리고 셋째가 안평대군(安平大君), 넷째가 임영대군(臨瀛大君), 다섯째가 광평대군(廣平大君), 여섯째가 금성대군(錦城大君), 일곱째가 평원대군(平原大君), 여덟째가 영응대군(永膺大君)이다. 맏딸 정소공주(貞昭公主)는 일찍 죽었고, 둘째 딸 정의공주(貞懿公主)는 안맹담(安孟聃)과 혼인했다. 태종은 충녕대군이 잘난 아들을 많이 두어 후계자로 삼았다고 한다.

문종은 1421년(세종 3) 10월에 세자가 되었고, 1445년(세종 27)부터 병든 세종을 대신해 대리청정을 했다. 1450년(세종 32)에 세종이 죽은 뒤 왕위에 올랐으나 2년 만에 당시 12세였던 어린 세자(단종)를 남기고 병으로 죽었다. 단종이 문종에 이어 왕위에 오르자, 세종의 둘째 아들인 수양대군과 셋째 아들인 안평대군 사이에 대권 다툼이 벌어졌다.

결국 1453년(단종 1) 수양대군이 계유정난을 일으켜 2년 후에 왕위에 오르니 그가 바로 세조다. 안평대군은 계유정난 때 죽었고, 금성대군은 제2차 단종 복위 운동에 연루되어 죽었다. 세종의 두 아들이 권력투쟁 중에 죽은 것이다. 나머지 광평대군과 평원대군은 병으로 일찍 죽었고, 막내아들 영응대군은 정사에 관여하지 않고 유유자적한 삶을 살다가 1467년(세조 13)에 죽었다.

이 밖에 세종은 5명의 후궁을 두었다. 태종은 왕실이 튼튼해지려면 왕자가 많아야 한다면서 세종에게 후궁을 많이 거느리게 했다. 세종은 후궁들 사이에서 10남 2녀의 자녀를 낳았다.

중앙집권적 문치주의 체제의 확립

중앙집권적 문치주의는 조선에 들어와서 갑자기 생겨난 것이 아니라 고려 때부터 점진적으로 발달해왔다. 그러나 고려 때는 당나라의 귀족 문화를 모방하는 수준을 넘지 못했다. 이는 고려 귀족 문화의 속성이기도 했는데, 정치나 법 제도를 우리 실정에 맞게 받아들이는 것이 아니라 당나라 제도를 그대로 수용하기에 급급했다. 그러다 왕조가 교체되고 사대부 정권이 들어서면서 점차 개혁을 시작하다가 건국 후 30여 년이 지난 세종 대에 이르러 비로소 독자적인 유교 정치 체제를 갖추게 되었다. 『경국대전』과 『국조오례의(國朝五禮儀)』의 골격이 대체로 이때 이루어진 것이다.

조선은 사대부, 즉 선비의 나라였다. 선비의 나라는 무력보다는 문화를 중시했고, 국가 안보도 군사력보다는 외교에 의존했다. 사대부는 무력보다는 심성수양을 통해 사회 안정을 이루고 통합하려 했다. 그리하여 문명화된 삶을 위해 문학을, 사례를 중시하기 위해 사학을, 도덕적 수양을 고양시키기 위해 철학을 연마했다. 조선에서는 이러한 능력을 두루 갖춘 사대부가 아니면 행세할 수 없었다. 무과보다 문과의 격이 높았고, 군 사령관도 문신이 차지했다. 전술보다 전략이 중요하다는 이유에서였다. 그리하여 군인은 선비의 주도하에 봉사할 수밖에 없었다. 이것이 세종 이후 두드러진 문치주의의 특징이 되었다.

중앙집권적 문치주의를 이룩하기 위해서는 지방에 자리 잡은 크고 작은 재지호족(在地豪族) 세력을 제압해야만 했다. 그런데 이는 그리 쉬운 일이 아니었다. 고려는 호족 연합 정권의 성격을 띠고 있었다. 그러니 중앙집권 체제로 전환하는 것이 어려울 수밖에 없었다. 군현제를 실시하면서도 호족 세력이 가진 기득권은 어느 정도 인정할 수밖에 없었다. 대신 호족의 아들을 인질로 개경에 불러들이거나 재지 세력의 힘을 저하시키는 방법을 택했다.

고려 말부터는 과거 제도를 비롯한 각종 시험 제도와 음직(蔭職)·산직(散職) 등을 통해 호족을 중앙 관료로 적극 수용했다. 그러다보니 중앙 관직이 포화 상태에 이르는 부작용이 생겼다. 이런 상태에서 조선왕조가 들어섰고, 결국 사대부는 집권층을 양반과 중인으로 양분시켰다.

조선 건국 초기에는 고려 때와 마찬가지로 호족 세력을 완전히 제압하지 못했다. 그래서 재지 세력이 지배하던 군현의 경계가 들쭉날쭉 정리되지 못한 경우가 많았다. 이에 태종 때부터 강력한 공권력을 동원해 군현제를 토지와 인구에 따라 재편하게 되었다. 그리고 원악향리처벌법(元惡鄕吏處罰法)이라는 특별법을 만들어 토호적인 향리를 제거했다. 즉 토착 향리는 다른 군현으로 보내거나 토지와 인구 비례를 감안한 새로운 군현 제도를 실시한 것이다. 이때부터 조선 시대의 향리는 지방 관청의 행정사역인으로 전락하게 되었다. 이로써 중앙집권적 통치 체제가 갖추어졌고, 세종은 이러한 기반 위에서 강력한 왕권을 행사할 수 있었다.

한편 중앙의 관료 제도 역시 중앙집권적 통치 체제에 맞게 정착되었다. 과거 제도와 각종 시험 제도를 강화하고, 중국의 옛 제도를 광범위하게 참고하되 조선만의 고유한 법제를 만들기 위해 노력했다. 그동안 소홀히 했던 예법도 다시 만들었다.

집현전 설치와 운영

세종이 문치주의 통치 체제를 확립할 수 있었던 것은 집현전 설치와 관계가 깊다. 집현전은 학문 연구 기관으로 1420년(세종 2)에 설치되었다. 문치주의 국가에서는 글을 다루는 기관이 있게 마련이다. 중국에서도 한나라 때부터 국가의 정치 이념인 유교를 연구하는 기관이 존재했다. 이 기관은 주로 황제에게 글을 가르치는 시강(侍講)과 도서관의 기능을 비롯해 황제의 명령을 문서로 작성하는 기능 등을 했다.

고려에서도 1117년(고려 예종 12)에 왕을 가르치는 경연과 세자를 가르치는 서연(書筵)을 담당하는 보문각(普文閣)이 설치된 이래로 이와 비슷한 기관이 존재했다. 1136년(고려 인종 14)에 집현전이라는 이름이 처음 사용되었다가, 이후 고려에 대한 원나라의 간섭이 심해지면서 유명무실해졌다.

조선 건국 후 1399년(정종 1)에 집현전이 다시 설치되었으나 이듬해에 보문각으로 바뀌었다. 새로운 인재에 대한 요구가 계속되는 가운데, 태종 때에도 집현전을 다시 설치하자는 논의가 있었지만 실현되지는 못했다. 그러다 마침내 세종 때 집현전이 다시 설치된 것이다.

세종은 집현전을 통해 젊고 학식 있는 인재를 등용했다. 집현전의 직제를 살펴보면, 영전사(領殿事: 정1품) 2명, 대제학(大提學: 정2품) 2명, 제학(提學: 종2품) 2명, 부제학(副提學: 정3품) 1명, 직제학(直提學: 종3품) 1명, 직전(直殿: 정4품) 1명, 응교(應教: 종4품) 1명, 교리(校理: 정5품) 1명, 부교리(副校理: 종5품) 1명, 수찬(修撰: 정6품) 1명, 부수찬(副修撰: 종6품) 1명, 박사(博士: 정7품) 1명, 저작(著作: 정8품) 1명, 정자(正字: 정9품) 1명이 있었다. 이 가운데 제학 이상은 명예직인 겸관(兼官)이고, 부제학 이하는 전임관(專任官)으로 집현전의 실무를 담당했다. 세종은 집현전의 제학 이상에는 주로 태종 대의 공신을 임명하고, 부제학 이하에는 자신이 뽑은 인재를 임명했다. 집현전의 학사로 임명된 젊고 학식 있는 관원은 다른 관서로 전직되는 일 없이 오로지 학문에만 힘썼다. 그러다 부제학까지 승진하면 육조나 승정원 등의 요직으로 진출할 수 있었다.

　세종은 집현전 학사들이 경전 연구에만 몰두할 수 있도록 편의를 봐주었다. 연구에 필요한 전적(典籍)을 구입하거나 인쇄해 언제든지 볼 수 있게 집현전 장서각에 두었으며, 궁중에서 근무하는 학사들에게 아침과 저녁을 제공했다. 또한 사가독서라는 일종의 유급 휴가 제도를 실시해, 재능이 특출한 관원이 휴가 기간 일부는 삼각산 진관사(津寬寺)에서, 또 일부는 창의문 밖 세검정 북쪽에 있던 장의사(藏義寺)에서 공부했다. 이러한 집중 연구 활동을 통해 집현전 학사들의 학문 수준은 한 단계 높아졌으며, 고금의 여러 제도를 좀 더 전문적으로 연구할 수 있었다.

　그러나 이러한 여러 우대에도 집현전 학사 중에는 전직(轉職)하지 못하고 계속 집현전에서만 장기 근무해야 한다며 불평하는 경우도 있었다. 이러한 불평을 들은 세종은 다음과 같은 말로 이들을 타일렀다.

　　집현전을 설치한 것은 전적으로 문한(文翰: 문필에 관한 일)에 종사시키기 위해서다. 일찍이 정미년(1427년, 세종 9) 친시(親試: 임금이 몸소 시험장에서 성적을 살피고 급제자를 정하는 시험)에 집현전 관원이 많이 합격해 내가 대단히 기뻐하면서 이것은 반드시 늘 문한에 종사했기 때문이라고 생각했다. 근래 들으니 집현전 관원들이 거의 모두 이것(집현전에 근무하는 것)을 싫어해 대간(臺諫)이나 정조(政曹)의 직으로 전출을 희망하는 자가 자못 많다는 것이다. 내가 집현전을 극히 중요한 관직이라고 여겨 특별히 예대(禮待)해 대간과 다를 것이 없다. 그런데도 일을 싫어하고 천전(遷轉: 다른 관직으로 옮기는 것)을 희망함이 오히려 이와 같다면, 하물며 서관(庶官: 일반 관직을 의미함)들은 어떠하겠는가. 인신(人臣)으로서 그 직임을 봉행하는 뜻이 과연 이와 같은 것인가. 그대들은 태만한 마음을 두지 말고 학술에 전념해 종신토록 이에 종사할 것을 스스로 기약하라.

『세종실록』 63권, 세종 16년 3월 20일

집현전에 대한 세종의 생각을 알 수 있는 부분이다. 세종은 집현전을 통해 인재를 기르고, 그들과 새로운 유교 국가의 틀을 만들어가면서 정치적으로 해결해야 할 여러 현안을 함께 상의하고자 했다. 집현전은 세종의 '싱크 탱크(Think Tank)'였다. 그래서 집현전을 두고 전문 인력을 배치해 종신토록 근무하게 했는데, 그런 의도를 몰라주고 딴마음을 품은 집현전 관원들에게 서운한 마음이 들었던 것이다. 그렇기 때문에 세종은 집현전 관원들이 다른 관청으로 옮겨 가는 것을 되도록 억제했다. 때로는 다른 관직으로 옮겨 간 사람을 다시 데려오기도 했다.

그러나 이러한 원칙도 세종이 죽은 뒤에는 무너졌다. 집현전 관원들이 성장해 정치에 직접 간여(干與)했기 때문이다.

경연과 서연

집현전의 직무를 좀 더 구체적으로 살펴보면, 먼저 가장 중요한 것이 경연과 서연(書筵: 세자 교육)이었다. 세종은 즉위하고 두 달이 지난 뒤부터 매일 경연에 참석했다. 어느 때는 하루에 세 번 참석하기도 했다. 경연은 어머니 원경왕후가 죽었을 때 잠시 폐한 경우를 제외하고 지속되었다. 심지어 태종이 죽었을 때도 삼년상 동안 폐할 수 없다는 이유로 경연을 계속했다. 간혹 사신이 왔을 때나 출판하는 책을 세종이 직접 교정볼 때는 바빠서 경연을 하지 못하기도 했다. 하지만 이 기간이 길지는 않았다. 그러다 1439년(세종 21) 3월 이후로는 세종의 건강이 악화되어 경연을 열지 못했다.

처음에는 전임 경연관이 없어 다른 관직을 가진 사람이 경연관이 되었다. 그러나 집현전이 설치된 뒤에는 집현전 학사 두세 사람과 대언(代言) 한 사람이 참석했다. 단 집현전 부제학이었던 윤회는 빠지지 않고 경연에 참여했다. 그가 경전에 매우 밝았기 때문이다.

경연에서는 주로 경전과 중국 역사책을 강독했다. 특히 세종은 『성리대전』을 1428년(세종 10) 3월부터 4년간 연구했고, 1432년(세종 14) 2월부터 1434년(세종 16) 3월까지 경연에서 독파했다. 『자치통감』의 경우 총 294권이나 되는 분량 때문에 경연관들은 경연 교재로 적합하지 않다고 했다. 그러나 세종은 이 책의 강독을 고집했다. 또한 1434년(세종 16) 6월부터 이에 대한 주석 작업을 시작해 1년 뒤에 간행하기도 했다. 명나라에서도 하지 못한 일을 세종이 시도한 것이다. 세종은 이 책의 주석을 직접 교정보기 위해서 경연도 폐할 정도로 열의를 다했다. 이 때문에 평소 앓던 눈병이 더 심해졌다.

집현전 학사는 경연과 서연뿐만 아니라 세손이 있을 때는 강서원(講書院: 왕세손의 교육을 담당하던 관청)의 강론도 담당했다. 강서원은 단종이 세손으로 책봉된 1448년(세종 30)에 처음 설치되었다. 이때 집현전 학사인 신숙주가 강서원의 우익선(右翊善)을, 박팽년이 좌익선(左翊善)을 맡았다. 또한 집현전 학사는 성균관과 4학의 교관을 겸임하며 후학 양성에도 기여했으며, 1428년(세종 10)에 설치된 종학(宗學: 종실 자제를 가르치는 학교)의 교관을 맡기도 했다.

제술 업무

집현전 학사는 제술(製述) 업무도 담당했다. 제술에는 글을 짓는 것 외에 책을 편집하거나 주석을 다는 일도 포함되었다. 『경국대전』에 따르면 국왕의 명령을 대신 짓는 일, 시정(時政)을 기록하는 일, 외교 문서를 작성하는 일 등이 제술에 해당되는 업무였다. 그런데 이런 일은 예문관, 춘추관, 승문원 등에서 하는 고유 업무로 집현전의 주 업무는 아니었다. 다만 집현전 학사들이 글을 잘하기 때문에 이러한 일에 차출되었던 것이다.

중국 사신이 성균관 문묘에 알성(謁聖: 공자 신위에 참배하는 일)할 때도 집현전 학사들에게 임시로 성균관직을 주어 동참하게 했다. 이것 역시 집현전 학사들이 글을 잘하기 때문에 사신과 학문적으로 토론하게 하기 위함이었다. 책을 편찬하거나 주석할 때도 집현전 학자가 차출되었다. 이 밖에 과거 시험의 시관(試官)이 되거나 외국에 사신으로 가는 경우도 있었다. 때로는 언론 기관의 활동을 감시하기도 했는데, 이러한 역할 때문에 집현전은 훗날 홍문관으로 개편되면서 언론삼사(言論三司)에 본격적으로 포함되었다.

도서관 기능

집현전의 기능 중에서 도서관 기능은 매우 중요했다. 도서관에 책이 모이지 않으면 연구나 자문을 할 수 없기 때문이다. 이러한 기능에 충실하려면 문헌을 많이 모아야 했다. 세종 이전에는 보문각, 수문각(修文閣) 등이 도서관 역할을 했는데, 집현전이 설치되면서 이러한 기능이 집현전으로 일원화되었다. 세종은 집현전 내 장서를 늘리기 위해 국비로 책을 사들이거나 기증을 받기도 했다. 책을 기증한 사람에게는 돈이나 관작을 내렸다. 국내에서 구할 수 없는 책은 명나라에서 구입했다. 세종은 명나라에 사신을 보낼 때마다 새로운 판본을 계속 사 오게 했는데, 낙질(落帙)이 있을 것을 대비해 항상 두 부씩 사 오게 했다. 구하려는 책이 절판되었을 경우에는 명나라 황제에게 편지를 써서 하사받기도 했다. 이렇게 수집한 책 중에서 긴요한 것은 주자소에서 인쇄해 집현전을 비롯한 각 기관과 조정 대신에게 배포했다. 이때 각 도의 감사들에게 책을 찍어 올리게도 했다.

이렇게 집현전 도서관에 책이 많이 모이자, 기존 시설로는 책을 전부 수용하기 힘들어졌다. 그래서 1429년(세종 11)에는 궁성 서문 안에 집현전 건물을 새로 지었다. 그리고 북쪽에는 서고인 장서각 다섯 칸을 설치하고 벽마다 서가를 두어 책을 분류해 보관했다.

집현전 도서관은 왕을 비롯한 왕족과 관료만 이용할 수 있었다. 책은 원칙적으로 집현전 안에서만 볼 수 있었다. 하지만 특별한 경우에는 외부 대출도 허용했다. 이와 관련해 집현전에서 보고한 내용이 『실록』에 있다. 그 내용을 보면, 경연에서 서책을 들여갈 때에는 중관(中官)이 오매부(烏梅符: 검은 매화나무로 만든 일종의 도서 대출증)를 보이고 가져갔다. 동궁(東宮)에서 서책을 들여갈 때에는 황양목(黃楊木)으로 표신(標信)을 삼아 가져가고, 오로지 동궁 내에서만 규정에 따라 책을 볼 수 있게 했다. 각 관청에서 참고할 일이 있을 때는 관원이 직접 와서 보게 하고, 만약 부득이하게 책을 빌리려면 임금에게 아뢴 다음 서명하고 가져갔으며, 일이 끝난 뒤에는 곧 반납해야 했다. 그런데 빌려간 책을 반납하지 않는 사례가 종종 발생했다. 그래서 3년에 한 번씩 정리하고, 담당자가 바뀔 때마다 도서의 수량과 대출 현황을 문부에 적어 인계하게 했다.

집현전 학사들은 도서관의 참고 활동으로써 고문에 대비하는 일[備顧問]도 담당했다. 즉 왕이 어떤 사안이나 현안 문제에 대해 해결 방안을 물으면 집현전 학사들은 집현전에 비치된 여러 서책과 자료를 활용해 필요한 내용을 조사하거나 경우에 따라서 해결책을 제시하기도 했다. 세종은 특히 유교 정치를 수행하기 위한 오례(五禮: 吉禮·嘉禮·賓禮·軍禮·凶禮)에 관해서 가장 자주 물었다. 집현전 학사들은 이에 답하기 위해 옛 제도를 조사하고 이를 조선의 상황에 맞게 적용할 수 있는 방안을 제시했다.

집현전 학자로 정치 안정에 기여한 정인지

이렇듯 집현전은 세종의 절대적인 관심과 지원 속에서 단순한 학문 연구 기관을 넘어 왕의 자문 기관으로 역할을 하게 되었다. 국가의 정책을 창안하고 새로운 문화를 꽃피울 만한 토대가 집현전에서 만들어진 것이다. 1443년(세종 25)에 세자의 대리청정이 시작된 후부터는 집현전의 정치적인 위상은 더욱 높아졌다. 집현전 출신 관료로는 정인지·신숙주·성삼문·최항·이개(李塏)·하위지(河緯地) 등이 있다. 이들은 세종을 도와 조선이 문물 제도를 갖추고 안정된 문치주의 체제를 확립하는 데 기여했다.

특히 정인지는 세종이 펼친 여러 문화 사업에 두루 관여하며 많은 활약을 했다. 1396년(태조 5)에 정흥인(鄭興仁)의 아들로 태어난 정인지는 1414년(태종 14)에 문과에 급제했다. 1418년(세종 즉위년)에는 병조좌랑으로 자리를 옮겼고, 1421년(세종 3)에는 "대임을 맡길 만한 인물이니 중용하라"는 상왕 태종의 추천에 따라 병조정랑에 올랐다. 이후 세종의 신임을 받으며 이조정랑과 예조정랑을 역임했다. 1424년(세종 6)에 집현전관(集賢殿官)에 뽑혔고, 집현전 부제학과 제학을 거쳐 1442년(세종 24)에는 예문관 대제학이 되었다. 1446년(세종 28)에는 집현전 부제학이 되었으며, 이듬해에는 이조판서에 올랐다.

그는 정초(鄭招) 등과 함께 대통력(大統曆)을 개정하고 『칠정산내편(七政算內篇)』을 저술하는 등 역법(曆法)을 정비했고, 『사륜요집(絲綸要集)』『치평요람(治平要覽)』 등의 편찬과 『태조실록』 증수(增修)에도 참여했다. 또한 집현전 학사들과 세종을 도와 훈민정음 창제에 관여했으며, 특히 대표로 훈민정음의 「서문」을 작성했다. 이후 김종서 등과 함께 『고려사』를 개찬(改撰)하고 『고려사절요』를 편찬했다. 세종이 공법을 시행하려고 할 때 찬반의 논의가 격렬했는데, 당시 정인지는 공법 실시를 강력하게 주장했다. 이후 전제상정소의 제조 겸 삼도도순찰사로 파견되어 경상도·전라도·충청도 전답의 품질과 등급을 나누는 일을 주관했다.

집현전 혁파

집현전이 존재했던 37년의 역사는 세 시기로 나누어 구분할 수 있다. 제1기는 1420년(세종 2)부터 1427년(세종 9)까지로 처음 10년간은 이들을 훈련시키는 데 역점을 두었다. 단 집현전 학사의 고유 업무인 경연과 서연 참여는 처음부터 있었다.

제2기에 해당하는 1428년(세종 10)부터 1436년(세종 18)까지는 이렇게 양성한 집현전 학사들을 동원해 각종 문화 사업을 벌이고 세종이 정치를 수행하는 데 자문 역할을 하게 했다. 세종조의 문화 사업은 대체로 이 시기에 집중적으로 수행되었다. 필요한 경우에는 집현전 학사의 수를 32명까지 늘리기도 했다.

제3기는 세종이 병으로 정사를 돌보기가 어려웠던 1437년(세종 19)부터 집현전이 혁파된 1456년(세조 2)까지로, 이때는 집현전 학사들이 성장해 정치에 관여한 시기다. 특히 언관으로서 자신들의 주장을 펼친 시기였다. 조정 중신들은 대부분 집현전 출신이었는데, 왕권이 약해진 문종조와 단종조에 이들의 활동이 두드러졌다.

그리하여 이들은 세조조 이후로 훈구파를 형성하는 핵심 세력이 되었다. 이때에 와서는 집현전이 본래의 기능을 상실하고 결국 혁파되었다. 집현전 학사 중 성삼문·박팽년·이개·유성원 등은 이른바 사육신(死六臣)의 중심 인물로 세조에 반대했는데, 이것이 집현전 혁파의 직접적인 원인이었다.

대마도 정벌

조선은 개국 초부터 왜구에 대한 대책이 걱정이었다. 고려 무장 출신인 태조는 왜구 침략의 심각성을 누구보다 잘 알고 있었다. 변방의 신흥 무장이었던 태조가 정계의 실력자로 급부상했던 것도 크고 작은 왜구 토벌 전투에서 승리하면서부터였다. 그래서 누구보다도 왜구 문제에 관심이 많았다. 태조는 처음엔 왜인들의 상업 활동과 귀화를 적극 권장하는 유화책을 펼쳤다. 그러나 왜구의 노략질이 멈추지 않자 1396년(태조 5) 대마도 정벌을 단행했다. 이는 조선 최초의 대마도 정벌이었다.

대마도는 신라 이후로 왜인들이 들어와 거주하기 시작했고, 일본의 가마쿠라 막부(鎌倉幕府) 시대 이후로 대대로 소(宗)씨가 대마도 도주를 지냈다. 대마도는 인구가 적고 농토가 척박해서 농사짓기에 적합하지 않았다. 그러다보니 항상 식량이 모자랐다. 그런데다 일본 내 사정 때문에 교역을 통해 식량을 구하는 일도 쉽지 않았다. 그런 환경 속에서 대마도를 중심으로 왜구들의 약탈 행위가 더욱 기승을 부렸다.

태조가 대마도 정벌을 단행한 계기는 1396년(태조 5)에 유독 왜구의 침입이 잦고 피해도 컸기 때문이다. 특히 그해 8월에 왜구가 120척의 배를 이끌고 경상도를 침입한 사건이 있었다. 동래, 기장, 동평성을 함락한 왜구는 우리 병선 16척을 탈취하고 수군만호를 살해했다. 이어 통양포와 영해성을 침략하는 등 그해에만 13차례나 침입했다. 이에 태조는 12월에 우정승 김사형을 5도병마도통처치사로 삼고, 남재를 도병마사, 신극공(辛克恭)을 병마사, 이무(李茂)를 도체찰사로 삼아 대마도를 치게 했다.

대마도 정벌군은 5도의 병선(兵船)을 모아 원정길에 나섰는데, 이때 태조는 남대문 밖까지 나가서 전송했다. 그리고 김사형에게 부월(鈇鉞)과 「교서」를 주고 안장을 갖춘 말·모관(毛冠)·갑옷·궁시(弓矢)·약상자 등을 내려주었다고 한다. 그러나 이때 동원된 군대의 규모나 정벌 결과에 대한 구체적인 기록은 남아 있지 않다.

이후 두 번째 대마도 정벌이 세종 때 단행되었다. 세종 즉위 초기는 태종이 병권을 쥐고 있었다. 태종은 자신의 치세 때부터 부국강병에 힘썼으며, 특히 계속되는 왜구의 침략에 맞서 각 도에 군함을 배치하는 등 대비를 철저히 했다. 그래도 왜구의 노략질이 잦아들지 않자, 1419년(세종 1)에 대마도 정벌을 명했다. 자신이 병권을 지휘하고 있는 동안에 골치 아픈 왜구를 소탕해 세종의 부담을 덜어주고자 한 것이다. 태종은 유정현, 박은 등의 대신들에게 대마도 정벌 계획을 이야기하며 "만일 물리치지 못하고 항상 침노만 받는다면, 한(漢)나라가 흉노에게 욕을 당한 것과 무엇이 다르겠는가. 그러므로 허술한 틈을 타서 쳐부수는 것만 같지 못하다"고 했다.

태종은 대마도 원정의 지휘를 삼군도제찰사 이종무(李從茂)에게 맡겼다. 고려 무장 출신인 이종무는 조선 개국 후 왜구 격퇴에 공을 세우며 조정의 신망을 얻었다. 1400년(정종 2)에 일어난 제2차 왕자의 난 당시에는 태종의 편에 서서 이방간의 군사를 제압하는 데 앞장섰다. 이 공으로 4등 공신에 녹훈되었으며, 태종이 왕위에 오르면서 승승장구했다. 태종은 왜구 격퇴의 경험이 많은 이종무를 대마도 원정의 적임자로 보았다.

이종무는 6월 17일 전선(戰船) 227척, 군사 1만 7,000여 명

규모의 정벌군을 이끌고 대마도 원정길에 나섰다. 거제도에 도착한 이종무는 바다의 때를 기다리다 26일에 선발대를 대마도로 출격시켰다. 대마도 정벌군은 대비가 전혀 없던 왜구들을 기습 공격해 배 129척과 집 2,000여 채를 불태웠다. 또한 왜구 100여 명을 사살하고 중국인 포로 130여 명을 구해내기도 했다. 그러나 아군의 피해도 적지 않았다. 여러 장수가 전사하고, 100여 명이 넘는 군졸이 언덕에서 떨어져 죽었다고 『실록』에 기록되어 있다. 그런 측면에서 볼 때 세종 즉위년에 있었던 대마도 정벌을 전적인 승리로 규정하기는 어렵다.

그래도 이를 계기로 조선은 왜구와 평화 협정을 맺는 등 소기의 성과를 거두었다. 전투가 길어져봐야 좋을 것이 없다고 판단한 대마도 도주가 강화를 요청했고, 이종무 역시 아군의 피해가 더 커지는 것을 원하지 않아 이에 응했다. 이종무는 7월 5일 대마도에서 군대를 철수하고 거제도로 돌아왔다. 이렇게 역사적인 조선의 대마도 원정은 일단락되었다.

이종무가 대마도 원정을 마치고 돌아왔을 때 조정에서는 성공 여부를 두고 말이 많았다. 일부는 선발대의 공격이 단발에 그쳤고 후속 조치가 미흡해 아군의 손실이 컸다는 사실을 이유로 지휘관인 이종무의 문책을 요구하기도 했다. 그러나 실보다는 공이 많다는 점을 들어 태종과 세종은 이종무를 옹호했다. 실제로 원정 자체의 성공은 크지 않았지만, 이 영향으로 왜구의 노략질이 크게 위축되었다. 덕분에 세종의 치세 동안 왜구와 큰 충돌 없이 평화롭게 지낼 수 있었다.

세종은 왜구의 노략질을 억제하기 위한 유화책으로 1426년(세종 8)에 제포·부산포·염포 등 삼포를 개항했다. 이는 살길을 열어달라는 대마도 도주의 호소를 받아들인 조치로, 삼포에 왜인들의 자유로운 왕래와 무역을 허가했다. 또한 어로세(漁撈稅)를 내고 남해안 일대에서 조업하는 것도 허용했다.

4군 6진의 개척

세종은 북방으로도 군사적인 안정을 이루고, 4군 6진 개척이라는 영토 확장의 성과도 이룩했다. 이는 세종의 시대가 정치·문화적으로 융성기였지만, 국방도 강성한 시기였음을 보여준다.

4군 개척

국경 지대인 서북면 일대는 전통적으로 여진족의 침입이 잦은 곳이었다. 조선 건국 이래로 강경책과 유화책을 적절히 써왔고, 이는 태종 때도 마찬가지였다. 그런데 세종 대에 들어 여진족의 침입이 더욱 빈번해져 유화책의 효과에 대한 의문이 제기되었다. 그러던 중 1432년(세종 14)에 여진족 이만주(李

滿住)가 기병 400여 명을 이끌고 침입해 주민과 군사 48명을 죽이고, 소 100여 마리를 빼앗아 달아난 사건이 발생했다. 이 일을 계기로 여진족에 대한 정책에도 변화가 생겼다. 좀 더 강경한 진압이 필요해진 것이다.

이듬해, 세종은 최윤덕(崔潤德)을 평안도 도절제사 겸 삼군 도통사로 삼아 황해도와 평안도 지역에 1만 5,000여 명 규모의 정벌군을 보냈다. 최윤덕은 조선 초기에 활약했던 무신 최운해(崔雲海)의 아들로, 어릴 때부터 말을 잘 타고 활을 잘 쏘았다. 그는 19세가 되던 1394년(태조 3)에 무과에 장원급제해 아버지 최운해 밑에서 군관으로 일했다. 1396년(태조 5), 아버지와 함께 영해의 반포에서 왜적을 크게 무찌른 것을 시작으로 무인으로서 승승장구했다. 1419년(세종 1)에는 이종무가 이끄는 대마도 원정군에 삼군도절제사로 참가했다.

이후 최윤덕은 1423년(세종 5)에 평안도 병마도절제사가 되어 2년 동안 서북면에 나가 있다가 1425년(세종 7)에 의정부 참찬에 임명되어 서울로 다시 돌아왔다. 2년 넘게 변방에서 복무한 그에게 세종은 "경이 변진(邊鎭: 변방을 지키는 군영)에 간 것이 거의 두 돌이 되었으니 당연히 교대되어야 하나, 장수의 적임자를 얻기란 참으로 어렵다. 또 지금 북쪽 국경에 사변이 있으니 경을 더 머무르게 해 변방의 안정을 기대하려고 한다. 짐의 지극한 뜻을 이해하라"고 했다. 최윤덕에 대한 세종의 신뢰를 알 수 있다.

그리고 1432년(세종 14), 마침내 세종의 명으로 여진족 정벌에 나섬으로써 최윤덕의 경력은 정점을 찍었다. 최윤덕이 이끄는 정벌군의 대규모 기습 공격에 여진족은 제대로 맞서 싸우지도 못하고 대부분 도망쳤다. 정벌군의 대승이었다. 세종은 이 지역에 성을 쌓아 여연(閭延)과 자성(慈城) 2군을 설치했다.

그런데 이후에도 여진족의 침입이 계속되자 차라리 이 지역을 포기하자는 주장이 나오기 시작했다. 그러나 영토 확장에 대한 포부가 있던 세종은 이 지역을 포기하지 않았다. 1437년(세종 19)에는 평안도 도절제사 이천(李蕆)에게 다시 여진족 토벌을 명했다. 이천은 8,000여 명의 군사를 이끌고 여진족의 근거지를 공격했다. 그리고 그 자리에 무창(武昌)과 우예(虞芮) 2군을 설치했다. 이로써 압록강 유역을 국경으로 4군이 설치되었다.

6진 개척

한편 세종은 동북면 일대에 경원(慶源)·경흥(慶興)·온성(穩城)·종성(鍾城)·회령(會寧)·부령(富寧) 등 6진을 개척했다. 이 지역은 태조 이성계의 고향으로 개국 전에 주로 활동했던 곳이기 때문에 조선왕조에는 남다른 의미가 있었다. 그래서 태조 때는 이 지역에 거주하던 여진족과도 이웃의 관계를 맺고

화평하게 지냈다. 태조의 측근 중에 이지란 등이 여진족 출신인 것에서도 그들에 대한 우호적인 태도를 알 수 있다. 태종 때는 무역소를 두어 여진족의 편의도 봐주었다.

그러나 세종은 영토 수호와 확장에 대한 신념이 확고했다. 당시 조선의 북방 지역은 국경이 불분명했다. 여진족이 흩어져 사는 만주 지역과 맞닿아 여진족의 세력이 커지거나 줄어들 때마다 경계가 들쭉날쭉했던 것이다. 이에 세종은 "조종께서 이미 정한 국경을 경솔히 버릴 수 없다"고 했다. '조종께서 정한 국경'이란 고려 때 윤관(尹瓘)이 여진족을 정벌하고 쌓은 동북 9성을 의미하는 것이었다.

세종 때 이 지역에서 큰 세력을 형성하던 여진족은 우디거[兀良哈]족과 오도리[斡朶里]족이었다. 이들은 조선의 유화책에도 자주 변방 지역을 침입해 주민들을 약탈했다. 세종은 1435년(세종 17)에 김종서를 함경도 도절제사로 삼아 여진 정벌을 명했다. 마침 여진족 사이에서 우디거족이 오도리족을 습격해 추장을 죽이는 내분이 벌어졌는데, 이 틈을 노려 그들을 일망타진하고자 한 것이다. 조정의 일부 온건파는 세종의 이러한 조치에 반대하며 여진족이 이 지역에서 활동하는 것을 내버려두자고 주장하기도 했다. 이에 세종은 다음과 같은 말로 자신의 확고한 신념을 밝히기도 했다.

전일에 파저(婆猪)의 전역(戰役: 최윤덕의 4군 개척) 때에는 대신과 장수와 재상들이 다 불가하다고 말했다. 이 말은 바로 만세에 변함이 없는 정론(正論)이었다. 그런데 내가 드디어 정벌을 명령해 성공했다. (중략) 매양 생각하니, 알목하(斡木河: 함경북도 회령군)는 본래 우리나라의 영토 안에 있던 땅이다. 혹시 범찰(凡察) 등이 딴 곳으로 옮겨 가고, 또 강적이 있어서 알목하에 와서 살면 다만 우리나라의 변경을 잃어버릴 뿐 아니라 또 하나의 강적이 생기게 된다. 그러므로 나는 그곳의 허술한 틈을 타서 영북진(寧北鎭)을 알목하로 옮기고, 경원부(慶源府)를 소다노(蘇多老)로 옮겨 옛 영토를 회복해서 조종의 뜻을 잇고자 하는데 어떤가?

『세종실록』62권, 세종 15년 11월 19일

또한 김종서를 경계해 그를 북방 지역으로 보내는 것을 반대하는 사람도 있었다. 세종은 이러한 의견을 무시하고 오히려 김종서에 대한 신뢰를 내비쳤다. 김종서는 문관 출신이지만 그 기백이 호랑이라 불릴 만큼 장대했다. 함길도에서 생활할 때 화살이 책상에 날아와도 안색이 변하지 않고, 그가 먹는 음식에 독약이 들어간 적도 여러 번 있었으나 의연하게 버텼다는 일화가 전한다. 그런 그는 세종의 기대에 부응하며 북방 영토 확장의 임무를 충실히 수행했다. 그리하여 마침내 이징옥(李澄玉) 등과 함께 6진 개척에 성공했다.

6진 개척은 1449년(세종 31)까지 단계적으로 이루어졌다. 성을 쌓고 병사를 훈련시키면서 침입해 오는 여진족을 물리쳤다. 그리고 6진을 조선의 영토로 확고히 다지기 위한 후속 조치로 사민 정책을 실시했다. 조선의 백성을 이 지역에 입주시켜 실제적인 영토 지배력을 확보하고자 한 것이다.

우선 해당 지역에 거주하던 주민 중에서 명망 있는 인물을 뽑아 토관(土官)으로 임명했다. 또한 영남 지역 백성을 이 지역으로 이주시켜 정착시켰다. 그런데 이주가 자발적으로 이루어진 것이 아니었기 때문에 강제로 삶의 터전을 옮겨야 했던 백성의 불만이 컸다. 이러한 불만이 쌓여 훗날 세조 때 이시애(李施愛)의 난과 같은 반란이 일어나기도 했다.

역사서 편찬 사업

세종은 조선의 역사관을 재정립하는 사업을 펼쳤다. 우선 태조 때 편찬된 『고려국사』를 새롭게 고쳐 쓰는 작업이 급선무였다. 이는 조선 건국의 당위성을 합리화하는 동시에 한국사의 정체성을 바로 세우는 문제기도 했다.

37권에 이르는 『고려국사』에 대한 개편 작업은 태종 때 이미 시작되었다. 태종은 하윤 등에게 명해 우왕 이후의 기록 중 잘못된 부분이 많으니 다시 정리하라고 했다. 『고려국사』는 정도전이 집필 책임을 맡았기 때문에 그의 주장이 강하게 반영되었다. 정치적으로 입장이 달랐던 태종이 이를 마음에 들어 할 리가 없었다. 그러나 개편 작업은 태종 대에서 마무리되지 못하고 세종 대로 넘어왔다.

세종은 고려가 망할 수밖에 없었던 이유를 설명하기 위해 사료를 나열한 정도전의 기록도 마음에 들지 않았지만, 태종과 하윤의 정치적 시각에 입각해 역사서가 찬술되는 것도 원하지 않았다. 세종은 역사적인 사실을 있는 그대로 서술해 국가 통치에 귀감이 될 만한 역사서를 편찬하려고 했다. 특히 선대에서 정치적인 이유로 부정적으로 묘사했던 정몽주를 충신으로 기록한 것은 잘못된 역사 인식을 바로잡겠다는 세종의 의지가 반영되었다고 볼 수 있다.

편찬 방법은 중국 송나라 때 주자가 쓴 역사서 『자치통감강목(資治通鑑綱目)』의 체제를 따랐다. 기사마다 큰 제목으로 강(綱)을 세우고, 사실의 기사는 목(目)으로 구별해 서술하게 한 것이다. 세종은 이에 대한 지식을 얻기 위해 경연에서 『자치통감강목』을 강독하기도 했다.

그리하여 1424년(세종 6)에 윤회 등이 편찬한 『수교고려사(讎校高麗史)』가 완성되었다. 이것은 태종과 하윤이 개수한 『고려국사』 중에서 고려왕실의 묘호가 『실록』과 다르게 기록된 부분을 고치고 일부 잘못된 내용을 수정한 것이었다. 그러나 비교적 짧은 시간 내에 이루어지다보니 미흡한 점이 많았다. 결국 이 책은 변계량 등의 강력한 반대에 부딪혀 반포되지는 못했다.

이후 『고려사』 개수에 대한 논의가 여러 차례 있었는데, 『고려사』를 기전체(紀傳體)로 할 것이냐 편년체로 할 것이냐를 놓고 논란이 있었다. 역사 사실을 서술할 때 「본기(本紀)」 「열전(列傳)」 「지(志)」 「연표(年表)」 등으로 구성하는 기전체는 여러 사실을 골고루 실을 수 있고, 사실의 전후 변천을 일목요연하게 파악할 수 있는 장점이 있다. 편년체는 역사를 연대순으로 기록하는 것으로, 읽기는 좋으나 모든 사실을 빠짐없이 수록하기 어렵다는 단점이 있다. 이에 세종은 춘추관의 의견을 받아들여 『고려사』를 기전체로 편찬하기로 했다. 그러면서 편년체의 『고려사』 편찬도 별도로 진행하기로 했다. 이렇게 해서 『고려사』 편찬 작업이 새롭게 시작되었다.

『고려사』 편찬 작업은 세종 대에 마무리되지 못하고 문종 즉위 후인 1451년(문종 1)에 완성되었다. 기전체로 편찬된 『고려사』는 총 139권으로, 「세가(世家)」 46권, 「지」 39권, 「연표」 2권, 「열전」 50권, 「목록」 2권으로 구성되었다.

「세가」의 왕기(王紀)는 제후의 격에 맞게 명분을 바로잡았으며, 『한서(漢書)』 『원사(元史)』 등의 서술 원칙에 따라 사실과 언사(言辭)를 모두 기술했다. 『삼국사기』처럼 '본기'라는 명칭 대신 '세가'라는 명칭을 사용한 것은 주자학적인 명분론과 대명 의식이 작용한 것이라 할 수 있다. 종(宗)·폐하(陛下)·태후(太后)·태자(太子)·절목(節目)·제조(制詔) 등 당시의 칭호를 그대로 기록했다. 고려 말과 조선 초에 『고려사』를 기록할 때는 제후국의 칭호에 맞도록 낮춰 썼으나, 세종은 당시의 기록대로 직서한다는 원칙에 따르도록 한 것이다. 이는 젊은 수사관들의 요청을 세종이 수용한 것으로, 자주성 회복을 위한 문화 기반을 마련한 것이라 할 수 있다. 이 밖에 연등회(燃燈會)·팔관회 등 매년 치르는 행사는 첫 기사만 쓰고 왕이 직접 참여한 경우에는 반드시 기록했다.

고려왕실의 세계(世系)는 황주량(黃周亮)이 기록한 『실록』에 의거해 삼대(三代)를 추증해 쓰고, 다른 기록에 전하는 것은 별도로 첨부했다. 고려 태조의 세계는 목록 앞에 별도로 붙이는 특이한 방식을 취했는데, 이는 『고려사』가 기준으로 삼은 『원사』와는 다른 점이다. 정사(正史)인 『실록』 기사를 따르면서도 이와 다른 내용을 전하는 이설(異說)을 함께 실은 점도 특이하다.

「지」에는 각 권마다 「서문」이 따로 있고, 세부 내용별로 항목을 구분해 저술했다. 먼저 항목별로 일반적인 기사를 싣고 뒤에 연월이 기록된 구체적인 역사 사실을 기술했다.

「연표」는 『삼국사기』의 연표를 참고해 작성되었다. 특히

「연표」「서문」에서는 고려 태조가 신라를 항복시키고 백제를 멸망시켜 삼한을 통합했다고 서술해 고려가 고구려의 후계자임을 밝히고 있다. 「연표」는 중국과 우리나라 연표를 대조해 기록했으며, 중요한 정치적 사건이 기록되어 있다.

「열전」은 「후비전(后妃傳)」「종실전(宗室傳)」「제신전(諸臣傳)」「양리전(良吏傳)」「충의전(忠義傳)」「효우전(孝友傳)」「열녀전(烈女傳)」「방기전(方技傳)」「환자전(宦者傳)」「혹리전(酷吏傳)」「폐행전(嬖幸傳)」「간신전(奸臣傳)」「반역전(叛逆傳)」 등 총 50권이다. 이는 『고려사』 전체 중 3분의 1이 넘는 분량이며, 총 1,008명의 기록이 수록된 거대한 전기집이다. 「열전」의 분류 방식은 『원사』와 『송사(宋史)』를 참고했다. 우왕과 창왕이 「반역전」에, 변안열 등이 「간신전」에 있는 점이 눈에 띈다.

한편 편년체로 된 『고려사절요』는 1452년(문종 2)에 완성되었다. 이로써 세종이 새 왕조 창건의 당위성과 정체성을 확립하고자 시작한 『고려사』 편찬 작업은 50여 년 만에 결실을 보게 되었다.

조선에서는 자국의 역사, 문화의 독자성과 자주성을 확립하기 위해 『고려사』뿐만 아니라 『삼국사(三國史)』 정리에도 심혈을 기울였다. 태종 때 편찬된 『동국사략』에는 시조 단군과 중국 문화를 처음으로 전파한 기자를 우리 역사의 일부로 소개하고 있다. 단군 시조로부터 이어지는 우리 역사의 계통과 정체성을 확립하고자 한 것이다.

또한 단군과 기자의 사당을 평양에 건립하고 제사를 지냈다. 단군과 기자뿐만 아니라 삼국의 시조에게도 제사를 지냈다. 『세종실록』「지리지」에는 단군과 기자의 묘가 평양부 북쪽 토산(兔山)에 있고, 사당은 평양성 안 의리방에 있으며, 단군 사당은 기자 사당보다 조금 남쪽에 있다고 기록되어 있다. 또한 단군 신화도 수록되어 있다.

세종은 이 밖에 『용비어천가(龍飛御天歌)』를 지어 조선을 창업한 태조의 위업을 밝히고자 했다. 이 또한 조선의 건국을 합리화하기 위한 작업이었다. 세종은 『고려사』를 편찬하던 와중에 신료들에게 "태조께서 왕이 되기 전에 뛰어난 무덕이 하나 둘이 아닌데 지금 『실록』을 보니 어찌 이렇게 그 사실이 간략한가?"라고 물었다. 그러고는 태조가 쌓은 업적들을 기억하는 늙은이들을 찾아 물은 뒤, 들은 사실 그대로를 기록하라고 명했다. 그리고 이렇게 수집된 자료를 기초로 1445년(세종 27)에 권제(權踶), 정인지 등에게 『용비어천가』 125장을 짓게 했다. 『용비어천가』는 기록이자 노래로서, 목조·익조(翼祖)·도조(度祖)·환조(桓祖) 등 이성계의 추존 4대와 태조, 태종의 성덕과 신공(神功)을 담았다.

예악 정비

음악의 정비는 세종이 이룩한 여러 업적 중에서도 문화적으로 매우 중요한 부분이다. 유교 국가인 조선에서는 음악을 예악(禮樂)이라 부르며 중시했다. 유교에서는 음악을 단순히 듣는 것 이상의 의미로 여겼다. 바른 소리는 백성의 마음을 순화시키고, 사악한 소리는 백성의 마음을 어지럽힌다. 따라서 바른 소리를 담은 음악으로 백성의 마음을 순화시키는 것이 바른 정치의 바탕이 된다고 보았다. 이것은 예로써 사회 질서를 다스리는 예치주의(禮治主義)와도 통하는 개념이다.

당시의 예악은 군자(君子), 즉 왕실이나 사대부를 대상으로 하는 것이었다. 그중에서도 특히 세종 대에는 왕조례(王朝禮)의 특수성이 강조되던 시기였다. 세종이 사대부례(士大夫禮)를 다루기는 했지만, 왕실의 예를 집중적으로 제정했다.

사대부례가 강조된 것은 17세기 이후부터다. 창업 초기 조선의 예악은 고려의 예악을 그대로 답습했다. 당시만 하더라도 이것저것 신경 쓸 것이 많아서 예악까지 챙길 겨를이 없던 것이다. 그러다 세종조에 이르러 어느 정도 왕조의 기틀이 잡히자 예악을 새롭게 정비할 필요가 생겼다.

예악의 정비는 의례상정소(儀禮詳定所)에서 주관했다. 의례상정소는 태종 때 예조의 기능을 보조하기 위해 설치된 기관으로 유교의 여러 의례를 연구하는 관청이었다. 맹사성·허조(許稠)·정초 등이 이곳의 책임자로 있으면서 오례를 정했다. 그리고 거기에 필요한 음악을 제정했다.

또한 의례 제정을 위한 자문 기관으로 집현전을 설치했다. 예조와 의례상정소에서 입안한 의례들을 고례(古禮)를 참작해 새롭고 합리적인 제도로 만들기 위해서였다. 이때의 고례는 고려 시대에 준칙으로 삼던 한나라와 당나라의 예가 아니라 중국 삼대(三代)의 예를 이상적으로 여겼다. 개혁을 위해 복고적인 방법을 택한 것이다. 그리하여 멀리는『주례(周禮)』와『의례(儀禮)』, 가까이는 고려의 예와 송제를 바탕으로 하는 명나라의 시왕지제(時王之制)를 참작했다. 그러므로 세종 대의 예악은 당나라 제도에서 나온 고려의『고금상정예문(古今詳定禮文)』체계와도 다르고, 명나라의 예와도 다른 독자적인 성격을 띠고 있다.

예조와 의례상정소·집현전에서 다룬 사안 가운데 대부분이 오례와 사례(관례·혼례·장례·제례)에 관한 것이고, 제도와 시정(施政)에 관한 것은 얼마 되지 않는다. 오례가 왕조례 중심이라면 사례는 사대부례 중심이라 할 수 있다. 그래서 세종 대의 시대적인 특수성으로 인해 오례에 관한 사안이 사례에 관한 사안보다 많았다. 특히 오례 중 길례의 서례(序禮)와 의식(儀式)은 태종 때 허조가 만들었는데, 길례는 왕실 제사와 관련된 것으로 그만큼 중요했기 때문에 태종 때 미리 만들었다. 그리고 길례를 제외한 나머지 가례·빈례·군례·흉례는 세종 때 제정되었다.

세종 대의 음악은 크게 아악(雅樂)·당악(唐樂)·향악으로 나뉘는데 가장 많이 연주된 음악은 아악이었다. 아악은 아정(雅正)한 음악이라는 뜻으로 바른 음악을 의미한다. 아악은 종묘 제례나 기타 국가의 의례를 시행할 때 연주되던 음악이다. 세종 이전까지만 해도 고려에서 전해진 아악보를 그대로 사용했다. 그러다 세종이 아악에 대한 연구를 본격적으로 시작하면서 새로운 아악보가 제작되었다. 물론 아악의 기본은 대부분 중국 주나라에서 만들어진 것이었다.

그러나 주나라의 제도는 우리와 맞지 않았다. 이에 세종은 중국 아악을 정리하는 데 심혈을 기울였다. 그리고 1430년(세종 12)부터 새 아악보를 이용해 제향에서 연주했고, 1433년(세종 15)에는 임금과 신하가 함께 참여하는 회례(會禮)에도 새로 만든 아악을 연주했다.

세종은 신악(新樂)을 제정하기도 했다. 이것은 고려에서 전해진 음악을 새로 편곡하고 작사한 것으로, 중국 음악인 아악과 구별해 향악이라 불렀다. 세종이 선조의 공덕을 찬양하기 위해 만든 『용비어천가』가 대표적인 향악이다. 이러한 향악은 복잡한 리듬을 가지고 있어서 리듬이 비교적 단순한 기존 아악보의 형식으로는 표현하기 힘들었다. 그래서 세종은 새로운 형태의 악보인 정간보를 만들었다. 정간보는 음의 높이와 길이를 나타낼 수 있는 동양에서 가장 오래된 유량악보(有量樂譜)다. 이처럼 세종은 기존의 중국 음악을 창의적으로 변형함으로써 우수한 문화의 토대를 마련했다.

세종은 새로운 아악의 정리에 만족하지 않고 이를 정확하게 연주할 악기를 만들고자 했다. 1423년(세종 5)에는 악공들의 연습용으로 금(琴)·슬(瑟)·대쟁(大箏)·생(笙)·봉소(鳳簫) 등의 악기를 만들었고, 이듬해에도 화(和)·우(竽)·약(籥)·훈(壎)·지(篪)·아쟁·가야금·거문고·향비파 등의 악기를 만들었다.

그런데 이러한 작업에는 표준음을 정하는 것이 무엇보다 중요했다. 당시에 표준음은 율관(律管: 음의 높이를 정하기 위해 쓰던 원통형의 관)으로 정했다. 12음이 한 옥타브기 때문에 각 음을 맞추기 위해서는 12개의 율관을 제작해야 했다. 각 율관의 길이는 황종율관(黃鐘律管)을 기준으로 줄이거나 늘려서 만들었다. 황종율관이란 황해도 해주에서 나는 기장 90알을 일렬로 늘어놓은 길이, 즉 황종척(黃鐘尺)을 도량형의 기준으로 삼아 만든 율관을 말한다. 조선 시대의 도량형 제도는 세종 대에 확정되었는데, 도량형 정립으로 좀 더 정확한 율관을 제작할 수 있었다.

율관 제작으로 표준음이 정해지자, 세종은 박연에게 아악기(雅樂器) 중에서 가장 기본이 되는 편경을 제작하도록 명했다. 박연은 고려 우왕 때 삼사좌윤 박천석(朴天錫)의 아들로 태어났다. 그의 집안사람들은 고려 때부터 대대로 중앙 관료를 지냈고, 박연도 집현전 교리를 거쳐 사간원 정언, 사헌부 지평 등 청요직(淸要職)을 두루 역임했다. 그런 그가 고구려의 왕산악, 신라의 우륵과 함께 3대 악성(樂聖)으로 불릴 만큼 음악 분야에서 두각을 나타낸 것은 그의 재능을 알아본 세종 덕분이었다.

박연은 어릴 때부터 피리·비파·거문고 등을 잘 연주했다고 한다. 그런데 조선과 같은 양반 중심의 유교 사회에서 성공하려면 이런 재주는 별로 도움이 되지 않았다. 대신 그는 과거 시험을 봐서 관료가 되었다. 그렇게 묻어두었던 그의 재주가 세종을 만나 빛을 발한 것이다. 당시 악학제조(樂學提調)는 원로대신인 맹사성이 맡고 있었으나, 아악의 제정과 악기 제작에서만큼은 신진인 박연이 세종의 절대적인 신임을 얻고 있었다.

박연은 세종의 명에 따라 경기도 남양에서 나는 옥돌로 편경을 제작했다. 그리고 완성된 편경을 세종에게 바치고는 시연했다. 그런데 편경 소리를 들은 세종이 "지금 소리를 들으니 매우 맑고 아름다워 내가 매우 기뻐하노라. 하지만 이칙(夷則) 1매(枚)의 소리가 약간 높은 것은 무엇 때문인가?"라고 했다. 이에 박연이 살펴보니 편경을 갈 때 그었던 먹줄이 아직 남아 있었다. 박연이 물러나 남아 있던 먹줄을 다 갈아내니 비로소 바른 소리가 났다고 한다. 『실록』에 기록된 이 일화는 세종의 높은 음악 수준을 보여준다. 세종은 전문가인 박연조차 몰랐던 미세한 음의 오차를 짚어낼 정도로 뛰어난 음감을 가졌던 것이다.

세종은 1447년(세종 29)에 『용비어천가』 중 봉래의 7곡, 정대업 15곡, 보태평 11곡, 발상 11곡을 직접 작곡하기도 했다. 기존의 곡에 가사의 길이를 조절해 맞추는 방법으로 작곡했는데, 음률(音律)에 밝았던 세종은 지팡이로 땅을 치면서 박자를 맞추었다고 한다. 당시 관습도감(慣習都鑑: 음악에 관한 행정 사무를 관장하던 예조 소속의 관아)이 있었음에도 세종이 직접 작곡을 한 것은 세종의 작곡 능력이 그만큼 뛰어났기 때문이다.

세종은 이처럼 음악을 듣고 만드는 것에 조예가 깊었다. 뿐만 아니라 이것을 학문적으로도 깊이 연구했다. 세종은 스스로 『율려신서(律呂新書)』 『의례경전통해(儀禮經傳通解)』 등의 음악 이론서와 『석전악보(釋奠樂譜)』 등의 아악보를 연구하고, 맹사성·박연·남급(南汲)·정양(鄭穰) 등 음악 이론에 밝은 사람에게 이 책들을 함께 연구하게 했다. 이러한 세종의 관심과 지원이 있었기에 조선의 음악이 발달할 수 있었다.

훈민정음 창제

훈민정음은 1443년(세종 25) 12월에 창제되고, 3년 뒤인 1446년(세종 28)에 공포되었다. 훈민정음은 새롭게 만들어진 우리 문자의 이름이자, 그 문자를 해설한 책의 제목이기도 하다. 이 해설서는 훈민정음의 창제 이유를 담은 정인지의 「서문」, 훈민정음의 음가(音價)와 운용법을 밝힌 「훈민정음예의본(訓民正音例義本)」, 새 글의 제자(制字) 원리와 음가, 운용법을 좀 더 자세하게 해설한 「훈민정음해례본(訓民正音解例本)」 등 세 부분으로 이루어져 있다.

예의는 세종이 직접 지었고, 해례는 정인지를 비롯해 박팽년·신숙주·성삼문·최항·강희안(姜希顔)·이개·이선로(李善老) 등 집현전 학사들이 공동으로 집필했다. 세종이 직접 훈민정음 창제를 주도하고, 집현전 학사들이 연구 활동을 통해 도움을 주었음을 알 수 있다.

세종이 창제한 훈민정음은 세계의 여러 문자 중에서도 가장 독창적이고 과학적인 문자로 알려졌다. 훈민정음은 발음 기관의 모양을 본떠 만든 상형문자인데, 제자 원리가 기존에 있던 어떤 형태의 문자와도 다르다. 물론 새로운 문자를 만들기 위해 세종은 여러 문자와 음운학을 연구했을 것이다. 중국 원나라의 파스파 문자가 같은 음소문자고 음절 단위로 표기하는 점 등이 유사해 훈민정음에 영향을 주었을 것으로 추측된다.

그러나 정인지가 「해례본 서문」에서 "정음(훈민정음)은 어떤 계통을 이어받아서 만든 것이 아니라 저절로 이루어진 것"이라고 밝힌 바와 같이 만듦새의 독창성은 가히 독보적이라고 할 수 있다. 특히 훈민정음은 음운학에 대한 상당한 수준의 연구를 바탕으로 한자의 음을 빌리지 않고도 정확하게 음을 표현할 수 있도록 고안된 매우 과학적인 문자다. 자음의 경우 어금니[ㅋ]·혓바닥[ㅁ]·입술[脣]·이[齒]·목구멍[喉] 등 발음 기관의 형태를 본떠서 만들었고, 모음은 하늘[天]·땅[地]·사람[人] 삼재(三才)를 본떠 만들었다. 그런데 이처럼 초성·중성·종성의 조합으로 모든 발음을 표기할 수 있는 문자는 전세계적으로도 찾아보기 어렵다.

훈민정음 창제 동기에 대한 여러 주장

훈민정음을 만든 동기에 대해서는 여러 가지 설이 있다. 유교의 예악 정치 실현의 일환이라는 설, 대명 외교 관계를 원활히 하기 위한 중국 표준 한자음의 정리 과정에서 파생되었다는 설, 혼란해진 조선 한자음을 정리하는 과정에서 주음부호로 만들어졌다는 설, 민족적인 자주 의식에 의해 백성을 위해서 독자적으로 자국 문자를 만들었다는 설 등이다.

먼저 예악 정치 실현의 일환이라는 주장의 근거는 무엇일까? 우리나라는 신라 통일 이후로 당나라 귀족 문화의 영향 아래 있었다. 정치 제도나 문화, 그리고 법도 그랬다. 그러나 조선은 주자의 성리학을 새로운 지도 이념으로 내세웠다. 조선의 지배층이 고려 말 이후로 성장한 신흥 사대부였기 때문이다. 주자학은 12세기에 원나라를 통해 처음 들어왔다. 원나라의 주자학은 『소학』과 『가례』를 비롯해 가묘, 삼년상 등을 강조하는 실천적인 주자학이었다. 실제로 정몽주를 비롯한 신흥 사대부들은 이러한 실천적인 주자학 윤리를 보급하는 데 힘썼다. 사회 윤리를 불교 윤리에서 유교 윤리로 바꾸는 것이 시급했기 때문이다.

조선왕조가 건국된 이후에도 건국 초기에는 정치적인 불안정 때문에 고려 말과 비슷한 상황이었다. 그러나 세종 대에 들어와서는 명나라로부터 『사서대전』『오경대전』『성리대전』 등 영락 3대전이 입수되었다. 명나라에서는 제3대 황제인 영락제 때 송나라의 유학을 집중적으로 정리해 영락 3대전을 간행했다. 이 가운데 『성리대전』은 송대 성리학의 백미였다. 이 책은 세종이 즉위하기 3년 전인 1415년에 호광(胡廣) 등이 편찬한 것이다. 세종은 1419년(세종 1) 12월에 사은사 경녕군(敬寧君) 비(裶)로 하여금 명나라 황제에게 요청해 영락 3대전을 받아오게 했다. 그리하여 세종은 집현전 학사들과 함께 이 책들을 깊이 연구하고 여러 차례 간행해 널리 보급했다.

『성리대전』은 세종 대에 예악의 여러 제도를 새로 만드는 철학적인 근거가 되었으며, 특히 『황극경세서(皇極經世書)』와 『율려신서』는 세종과 유신들의 음운학과 음악에 대한 연구열을 자극했다. 책의 내용에 따르면 풍토가 다르면 그곳에 사는 사람의 발음도 달라지기 때문에 바른 소리와 음이 있어야 이를 바로잡을 수 있으며, 이렇게 하는 것이야 말로 왕도 정치를 펼치는 첩경이라고 했다. 이러한 성리학적인 사고로 표준 발음을 정리한 운서(韻書) 편찬을 계획한 것이다.

때마침 『홍무정운(洪武正韻)』이 명나라로부터 전래되었다. 『홍무정운』은 1375년(고려 우왕 1)에 명나라 황제의 명으로 각종 방언이 뒤섞인 중국의 음운 체계를 통일하기 위해 편찬된 운서였다. 세종과 주변 학자들은 여기에 자극을 받아, 중국처럼 조선의 음운 체계를 바로잡아 유교적인 왕도 정치의 기틀을 마련해보고자 했던 것으로 보인다. 또한 1269년에 원 세조는 티베트의 고승 파스파로 하여금 범어 계통의 음소문자인 위구르 문자를 바탕으로 음절문자인 파스파 문자를 만들어 공문서에 사용하게 했다. 이것은 세종이 훈민정음을 창제하기 150년 전의 일이지만, 훈민정음 창제를 위해 많은 문자를 연구하는 과정에서 참고가 되었을 것이다.

대명 외교를 원활하게 하기 위해 표준 한자음을 정리하는 과정에서 훈민정음이 탄생했다는 것도 충분히 가능한 얘기다. 실제로 고려 시대 때 통역을 잘못해 원나라와 관계가 미묘해진 경우가 있었다. 이에 고려에서는 중국어·몽골어·일본어·여진어 등 외국어를 훈련시키기 위한 통문관(通文館)을 설치한 바 있었다. 조선에서는 1393년(태조 2)에 사역원(司譯院)을 설치했다. 조선은 국방보다 외교에 중점을 두는 문치주의 국가였기 때문에 통역 문제는 중요한 부분일 수밖에 없었다. 더구나 조선 시대에는 존명사대가 국가의 가장 큰 명분이었다. 따라서 외국어 중에서도 중국어를 중요하게 여긴 것은 당연했다.

그런데 중국어를 정확하게 읽기 위해서는 발음 기호가 발달해야만 했다. 당시까지만 해도 조선은 발음 기호나 독자적인 문자가 없었다. 고작 중국의 반절법(半切法: 한자 첫 글자의 앞음과 뒷글자의 뒤 음을 조합해 음을 표시하는 방법)을 쓰거나 한자음을 빌려 일부 단어나 토씨를 만들어 쓰는 이두[吏讀] 정도가 있을 뿐이었다. 그렇지 않으면 몽골어로 한자음을 읽는 원나라의 『고금운회거요(古今韻會擧要)』나 『몽고운략(蒙古韻略)』을 이용하는 수밖에 없었다. 그러나 원나라는 명나라와 원수 관계였기 때문에 조선의 입장에서는 원나라의 한자 발음 체계를 그대로 쓸 수는 없었다. 결국 세종은 명분과 실리 사이에서 고민하다가 독자적인 문자와 발음 체계를 개발해 한자를 읽을 수밖에 없었을 것이다. 마침 세종은 그럴 만한 여건과 역량을 갖추고 있었다.

그렇다면 혼란해진 조선 한자음을 정리하는 과정에서 주음 부호로서 훈민정음이 만들어졌다는 것은 무슨 의미일까? 당시엔 한자음을 정확하게 읽어 중국어를 잘하는 것도 중요하지만 잘못된 한자음을 바로잡는 것도 시급한 일이었다. 같은 한자음을 읽는 데 원음과 조선음이 많이 달라 같은 한자를 두고도 서로 알아듣지 못하는 불편함이 있었다. 중국 사신이 와도 서로 말이 통하지 않으니 문제였다. 이는 외교적으로도 반드시 극복해야 할 문제였다. 이를 해결하기 위해서는 전문 통역관을 양성하거나 잘못된 한자음을 중국 발음과 일치시켜야 했다. 세종은 후자를 좀 더 근본적인 해결책으로 생각했다.

발음은 기후나 풍토가 다른 지방에 가면 달라지게 마련이다. 그래서 한자음도 지역에 따라 달라질 수밖에 없다. 이것을 하나로 일치시킨다는 것은 아무리 강력한 권력을 가지고 있다 해도 힘든 일이다. 그런데도 세종은 이를 강행했다. 그러나 결과적으로는 명나라에서 『홍무정운』을 통해 언어를 통일하려고 했던 정책이 실패했던 것처럼, 세종이 『동국정운(東國正韻)』을 통해 언어를 통일하려던 정책도 성공하지는 못했다.

어쨌든 세종은 한자음을 바로잡는 데 관심이 깊었다. 그래서 이틀에 한 번씩 중국어를 공부하고, 세자에게도 사흘에 한 번씩은 중국어를 공부하게 했다. 중국어를 공부하다가 모르는 발음이 있으면 중국에 사람을 보내 그곳의 학자들에게 물어오도록 시키기도 했다. 또한 훈민정음이 만들어진 1444년(세종 26)에는 『홍무정운』에 훈민정음으로 음을 단 『홍무정운훈의(洪武正韻訓義)』를 편찬하게 했다. 이렇듯 훈민정음은 한자음을 정확하게 표기하기 위한 방편으로도 창제된 것이다.

또한 1447년(세종 29)에는 이러한 음운학 연구의 결과를 정리해 우리나라 최초의 운서인 『동국정운』을 편찬하고 이듬해에 간행했다. 『동국정운』 편찬에는 신숙주·최항·성삼문·박팽년·이개·강희안·이현로(李賢老)·조변안(曹變安)·김증(金曾) 등이 참여했다.

그러나 훈민정음 창제의 가장 중요한 이유는 역시 우리말을 자유자재로 표기할 문자가 필요했기 때문이다. 한자는 지식인만이 아는 문자였다. 그러므로 일반 백성에게는 아무런 표기 수단이 없었다. 이것이 대민 정치를 매우 어렵게 만들었다. 고려 시대에는 향리들이 지방의 지배자로서 국가와 일반 백성 사이에서 중간 매개자의 역할을 했었다. 그러나 조선 초기에 이르면서 향리가 지방 지배자의 위치에서 수령의 행정 사역인으로 격하되었다. 면리 제도와 오가작통제가 실시되어 일사불란한 중앙집권 체제가 갖추어진 것이다. 따라서 국가의 명령이 가가호호에까지 미치게 되었다.

그런데 일반 백성이 한자를 모르는 것이 문제였다. 백성이 사용할 만한 의사표현 수단이 없으니 행정 처리가 어려워진 것이다. 백성이 쉽게 익힐 수 있는 훈민정음을 세종이 기필코 창제하려고 한 것도 이러한 이유 때문이다. 세종은 훈민정음 「서문」에서도 "어리석은 백성이 말하고 싶은 것이 있어도 마음대로 뜻을 펴지 못하기 때문"에 훈민정음을 창제했다고 밝히고 있다. 일반 백성도 쉽게 읽고 쓸 수 있는 문자인 훈민정음을 만들어 왕의 뜻이 좀 더 쉽게 백성에게 전달되도록 하는 것, 이것이 세종이 훈민정음을 통해 이루고자 한 목적이었다.

실제로 훈민정음 창제 후에는 왕이 내리는 「한문 교서」와 더불어 대왕대비나 왕비가 내리는 「언문 교서」를 통해 통치의 편의성을 증대시켰다. 또한 세종은 훈민정음을 통해 백성이 유교 교리를 쉽게 배울 수 있기를 바랐다. 그래서 훈민정음을 창제한 후 언문청(諺文廳)을 통해 여러 권의 훈민정음 관련 서적을 편찬했다. 조선 건국 시조들을 찬양한 『용비어천가』, 석가모니의 일대기를 다룬 『석보상절(釋譜詳節)』, 찬불가인 『월인천강지곡』 등이 훈민정음으로 편찬된 대표 서적이다. 이 밖에 『소학』 『삼강행실도』 등의 유교 관련 기본서도 언해(諺解)해 편찬했다.

그러나 모두가 훈민정음 창제에 찬성한 것은 아니었다. 대부분의 집현전 학사는 세종의 뜻에 따라 음운학 연구를 위한 자료를 모으는 등 직간접적으로 훈민정음 창제에 참여했지만, 집현전 부제학이던 최만리(崔萬理)처럼 훈민정음 창제 자체를 반대하는 경우도 많았다. 최만리는 「상소」를 올려 언문 제작의 부당함을 주장했다. 조선은 예부터 대국(大國)을 섬기고 중화(中華)의 제도를 따라왔는데 이제 와서 이를 따르지 않는 것은 부끄러운 일이며, 중국의 글자를 빌려서 쓰는 이두가 이미 보편화되었는데 굳이 새로운 문자를 만들 필요가 없다는 것이었다. 이는 비단 최만리 혼자만의 주장이 아니었다. 최만리가 대표로 의견을 말했을 뿐이지, 사실 당시의 유생이라면 대부분 비슷하게 생각했다. 이러한 주장에 대해 세종은 "네가 음운을 아느냐? 내가 있을 때 해야 한다"며 훈민정음 창제를 강행했다.

이러한 반대에도 불구하고 세종은 자신의 뜻대로 훈민정음을 반포하고 여러 관련 사업을 펼쳤다. 결국 세종의 고집 덕분에 우리 민족은 한글이라는 고유 문자가 생긴 것이다.

천문학의 발달

세종 대에는 과학기술이 크게 발달했다. 예나 지금이나 과학기술 분야가 발전하려면 과학자 양성과 연구 활동 지원을 위한 경비가 필요하다. 세종은 꾸준한 경제 개혁으로 국가 재정을 튼튼하게 했고, 그 결과 안정적인 재정 기반 위에서 과학기술을 발달시킬 수 있었다. 이때 특히 발달한 과학기술 분야는 천문학·무기·농업기술·역학·의학 등이다.

천문학은 하늘을 비롯한 자연 현상을 관찰하고 연구하는 학문이다. 자연의 변화를 정확하게 측정하는 일은 예나 지금이나 어려운 일이다. 지금처럼 첨단 기기가 발달하지도 못했던 당시엔 자연의 변화를 어떻게 관측했을까?

조선 시대의 천문학은 두 가지 측면에서 이해할 수 있다. 첫째, 농업과 관련된 부분이다. 가뭄이나 홍수와 같은 자연재해는 한 해의 농사에 큰 영향을 미쳤다. 만약 제대로 대비하지 못해 농사를 망치면 온 나라가 기근으로 고통을 받았다. 따라서 파종부터 수확까지 농사짓는 일정을 정하는 것이 매우 중요했고, 이를 위해 천문학에 관심이 높아진 것이다.

둘째, 유교적인 자연관의 반영이다. 유교 국가인 조선에서는 나라를 다스리는 사람이 바른 정치를 하지 않으면 천재지변이 생긴다고 하는 재이관적 사고가 지배적이었다. 따라서 지도자들은 자연현상에 대해 관심이 많을 수밖에 없었다. 세종이 천문학에 관심을 가진 것도 이러한 이유 때문이었다.

당시의 천문학 연구에서는 역법 연구가 중요한 부분을 차지했다. 역법이란 하늘이 운행하는 원리를 말하며, 역법에 대해서 기록한 것을 역서(曆書)라고 한다. 역서에는 계절에 따른

별자리의 변화와 원리에 대한 내용 등이 담긴다. 그런데 중국의 역서를 그대로 사용하다보니 우리의 절기와 맞지 않았다. 이에 세종은 당나라와 원나라의 역서를 연구했다.

또한 1444년(세종 26)에 정초·정인지 등에게 명나라의 역서를 참고해 『칠정산내편』과 『칠성산외편(七政算外篇)』 등의 역서를 편찬하게 했다. 칠정(七政)이란 일(日)·월(月)과 목(木)·화(火)·토(土)·금(金)·수(水)의 5개 행성을 가리키는 것으로, 『칠정산내편』은 원나라의 수시력(授時曆)에 대한 해설서고, 『칠성산외편』은 서역(西域)의 회회력법(回回曆法)에 대한 해설서다. 이처럼 여러 종류의 역서가 편찬되었다는 것은 그만큼 역법 연구가 활발했음을 의미한다.

역서를 우리 실정에 맞게 발간하기 위해서는 하늘의 운행에 대한 관측이 동시에 이루어져야 했다. 세종 대에 다양한 천문관측 기구가 만들어진 것도 이러한 필요에 의한 것이었다. 당시 만들어진 천측 기구에는 간의(簡儀)·혼천의(渾天儀) 등이 있다. 간의는 3개의 둥근 고리를 서로 엇갈리게 이어놓은 모양으로, 별을 관측하기 위한 기구다. 혼천의는 간의보다 좀 더 복잡한 형태인데, 천체의 운행과 위치를 측정하는 일종의 천문 시계다. 혼천의가 문헌 기록상 처음 나타난 것은 1433년(세종 15)이지만, 삼국 시대 후기 이후부터 그와 유사한 천문 기구가 제작·사용되었을 것으로 추측되고 있다.

세종은 1432년(세종 14)부터 1434년(세종 16)까지 대규모의 천문의상(天文儀象)과 석축 간의대를 제작했다. 높이 약 6.3미터, 세로 약 9.1미터, 가로 약 6.6미터 규모의 간의대는 경복궁 경회루 북쪽에 설치되었으며, 혼천의를 비롯해 혼상(渾象: 별자리 위치를 표시한 기구)·규표(圭表: 24절기를 표시한 기구)·정방안(正方案: 방위 지정표) 등을 함께 배치했다. 그리고 1438년(세종 20)년 3월부터 간의대에서 서운관의 관원들이 매일 밤 천문을 관측했다.

이러한 천측 기구를 이용해 시간을 측정하기 위한 도구인 해시계와 물시계도 제작되었다. 세종 때 제작된 해시계는 앙부일구(仰釜日晷)·현주일구(懸珠日晷)·천평일구(天平日晷)·정남일구(定南日晷) 등이다. 그중에서 우리에게 가장 잘 알려진 앙부일구는 1434년(세종 16)에 제작되었다. 앙부일구는 종로 혜정교(惠政橋)와 종묘 남가(南街) 두 곳에 설치된 공용 시계로, 큰 대접 모양을 하고 있었다. 안쪽 공간에 시간을 나타내는 선을 긋고 바늘에 해당하는 시침을 남쪽에서 북쪽을 향하게 세워 그림자의 이동에 따라 시각을 알 수 있었다. 글을 모르는 백성도 시각을 알 수 있게 시간의 표시를 글자와 함께 그림으로도 나타냈다.

물시계로는 자격루(自擊漏)·옥루(玉漏) 등이 있었다. 물시계는 물의 흐름을 일정하게 유지해서 이것을 기준으로 시각을 알 수 있도록 했다. 자격루는 1434년(세종 16)에 제작되었는데, 시(時)·경(更)·점(點)에 맞춰 종·북·징을 쳐서 시각을 알렸다. 경회루 남쪽 보루각에 설치된 자격루는 4개의 파수호(播水壺), 2개의 수수호(受水壺), 12개의 살대, 동력 전달 장치, 시보 장치로 구성되어 있었다.

이 밖에 세종은 강우량을 측정하는 기구인 측우기(測雨器)를 만들어 사용했다. 그전까지는 비가 온 뒤 풀뿌리를 뽑아보거나 땅에 빗물이 얼마나 깊이 스며들었는지 살펴보는 것으로 강우량을 측정했다. 그러다 1441년(세종 23)에 호조의 건의로 측우기와 수표(水標)를 제작한 이후로는 좀 더 정확하게 강우량을 측정할 수 있게 되었다. 이는 실제로 농사를 짓는 데 많은 도움이 되었다.

한편 세종의 과학기술에 대한 관심과 지원에 힘입어 이 분야에서 두각을 나타내는 인재들이 등용되기도 했다. 그중에는 비천한 출신 성분을 뛰어넘어 실력으로 인정받은 인물도 있었다. 대표적인 인물이 바로 장영실(蔣英實)이다. 장영실은 자격루와 수표를 제작한 장본인이며, 혼천의·간의·앙부일구 등 세종 때 만들어진 천측 기구들도 대부분 장영실의 주도로 제작되었다. 『실록』에는 장영실에 대한 세종의 평가가 다음과 같이 나온다.

영실의 사람됨이 비단 공교한 솜씨만 있는 것이 아니라 성질이 똑똑하기가 보통보다 뛰어나서, 매일 강무(講武)할 때에는 나의 곁에 두고 내시를 대신해 명령을 전하기도 했다. 그러나 어찌 이 것을 공이라고 하겠는가. 이제 자격궁루(自擊宮漏)를 만들었는데 비록 나의 가르침을 받아서 했지만, 만약 이 사람이 아니었다면 결코 만들어내지 못했을 것이다.

『세종실록』61권, 세종 15년 9월 16일

장영실은 동래현의 관노(官奴) 출신이다. 이런 그가 눈부신 과학 업적을 남긴 인물로 기억될 수 있었던 것은 출신 성분보다는 실력을 높이 샀던 세종의 탁월한 인재관 덕분이었다. 장영실이 처음 궁중 기술자로 발탁되어 일하기 시작한 것은 태종 때부터였다. 이때는 주로 제련(製鍊)과 축성(築城), 농기구와 무기 수리 등의 일을 했다. 그러다 1421년(세종 3년)에 중국으로 유학을 가서 각종 천측 기구에 대해 공부하고 돌아온 후부터 세종의 총애를 받기 시작했다.

그는 과학기술 분야에서 여러 업적을 쌓으면서 정5품 상의원 별좌의 관직을 받고 관노의 신분에서 벗어났다. 이후 자격루를 성공적으로 제작함으로써 정4품인 호군에까지 제수되었다. 물론 반대의 목소리도 많았지만, 세종의 배려로 그는 양반이 득세한 조정에서 자신의 능력을 펼칠 수 있었다.

그러나 1442년(세종 24)에 세종이 탈 가마를 만드는 일에 장영실이 참여했는데, 세종이 타기도 전에 이 가마가 부서지는 일이 발생했다. 이 일로 제작의 책임을 맡았던 장영실은 불경죄로 사헌부의 탄핵을 받고 관직에서 파면되었다. 안타깝게도 당대의 가장 뛰어난 과학기술자였던 그의 행적은 그 사건 이후로는 어떤 기록에서도 찾아볼 수가 없다. 그렇게 장영실은 역사 속에서 자취를 감췄다.

농업기술 발전과 『농사직설』의 편찬

천문기술이 발달하면서 농업기술도 함께 발전했다. 당시 세종은 농사법의 개량에 관심이 많았다. 고려 시대까지만 하더라도 한 경작지에서 한 해나 두 해 농사를 지으면 지력(地力)을 회복하기 위해서 한 해 농사를 쉬는 휴한(休閑) 농법을 썼다. 그러다 고려 말부터는 경작지에 거름을 주는 시비법(施肥法)이 개발돼 휴한 농법을 극복하고 매년 농사를 짓는 상경(常耕) 농법이 시작되었다. 그러나 세종 대로 넘어올 때까지도 농사기술이 크게 발달하지 못해서 수확량이 획기적으로 늘어나지는 않았다. 이에 세종은 좀 더 다양하고 효율적인 농사법을 개발해 보급하고자 했다.

이러한 노력의 일환으로 나온 것이 농업기술서인 『농사직설(農事直說)』의 편찬이다. 이 책은 1429년(세종 11)에 정초·변효문(卞孝文) 등이 세종의 명으로 저술했다. 정초는 정희(鄭熙)의 아들로 1505년(태종 5) 문과에 급제해 벼슬길에 들었다. 그는 집의, 판군자감사, 판승문원사를 거쳐 우사간이 되었는데, 세종이 경연에 정초가 참여하기를 원해 경연관을 겸직했다. 이후 예조참판을 거쳐 함길도 도관찰사로 나갔다가 돌아와 형조참판·이조참판·좌군총제 등을 역임했다. 또한 공조판서로 있으면서 『농사직설』을 편찬했고, 이어 예문관 대제학이 되어 정인지와 함께 역법을 개정했다. 정초는 천성이 총명하고 영매함이 보통 사람보다 뛰어난 인물로, 경사(經史)에 널리 통하고 관리의 재질이 있어 세종의 신임을 받았다.

『농사직설』은 주로 하삼도에서 발달된 농업기술을 서술했다. 당시 하삼도는 다른 지역에 비해 수리 시설과 시비법이 상대적으로 발달했다. 이 지역의 농법을 조사해 수록함으로써 앞선 농사기술을 다른 지역에도 보급하고자 했던 것이다. 이미 중국의 농서가 여러 권 간행되었지만, 정초가 「서문」에서 "풍토가 다르면 농사법도 달라야 한다"고 밝힌 바와 같이 『농사직설』은 조선의 풍토에 맞는 농사법을 소개하고 있다. 다음은 「서문」의 내용이다.

　　농사는 천하의 대본(大本)이다. 예로부터 성왕(聖王)이 이에 힘쓰지 않은 사람이 없었다. (중략) 오방(五方)의 풍토가 같지 않아 곡식을 심고 가꾸는 법이 각기 적성(適性)이 있어 옛글과 다 같을 수 없다. 그리하여 여러 도(道)의 감사(監司)에게 명해 주현(州縣)의 노농(老農)들을 방문해 농토의 이미 시험한 증험에 따라 갖추어 아뢰게 했다. 또 정초와 변효문이 함께 조사하고 참고해 중복된 것을 버리고 핵심적인 내용만 뽑아서 편술해 책을 펴내니 이를 『농사직설』이라고 했다. 농사 외의 다른 설(說)은 섞지 않고 간략하고 바른 것에 힘을 써서 백성도 쉽게 내용을 알 수 있게 했다. 이를 주자소에서 약간 본(本)을 인쇄해 장차 중외에 반포할 것이니, 백성을 인도해 집집마다 살림이 넉넉하게 하고 사람마다 풍족하게 할 것이다.

『세종실록』 44권, 세종 11년 5월 16일

　　『농사직설』에 실린 내용을 구체적으로 살펴보면, 곡식 재배에 필요한 여러 환경 요소에 대한 것을 비롯해 종자를 선택하고 저장하는 법, 논밭 가는 법, 파종법 등을 다루고 있다. 곡식별로는 벼·삼·기장·수수·조·콩·팥·녹두·보리·참깨·메밀 등의 재배법을 소개했다. 또한 직파법(直播法: 논에 볍씨를 뿌려 그대로 키워 거두는 방식)·건답법(乾畓法: 밭벼로 파종해 키우다가 장마 이후로는 물을 담은 채 논벼로 기르는 방식)·묘종법(苗種法: 못자리에서 키운 벼의 모를 논에 옮겨 심어 재배하는 이식법)·산도법(山稻

法: 밭벼로 키우는 방식) 등 네 가지 벼 재배법도 등장했다. 이 밖에 농기구 사용법, 거름의 종류와 시비법 등을 담고 있다.

세종 때 간행된 『농사직설』은 조선에서 편찬된 농서의 초기 형태로, 후대에 계속 개수되었다. 또한 숙종 때 편찬된 『산림경제(山林經濟)』, 순조 때 편찬된 『임원경제지(林園經濟志)』 등의 다른 농서에도 『농사직설』의 내용이 인용되었다.

개혁적 공법 실시

조선과 같은 농업 사회에서는 토지의 면적을 정확하게 측량하는 것도 중요했다. 왜냐하면 정확한 토지 면적을 알아야 세금도 제대로 부과할 수 있기 때문이다. 이는 백성의 경제 생활과도 직결되는 문제였다. 또한 국가는 세금으로 운영되기 때문에 세금을 어떻게 거둬들이느냐 하는 문제는 국왕의 통치력과도 밀접한 관련이 있다. 너무 과하게 세금을 걷으면 착취가 되고, 너무 느슨하게 걷으면 국가 재정이 위태로워지기 때문이다.

세종 이전에는 수확량의 10분의 1을 세금으로 걷는 원칙이 있었다. 여기에 토지의 비옥도와 그해 농사의 작황에 따라 세금을 차별 부과하는 답험손실법(踏驗損實法)이 함께 실시되었다. 그러나 이는 기준이 다소 모호한 면이 있어 세금을 제대로 걷는 데 실효성이 떨어졌다. 또한 세금을 징수하는 과정에서 지방 호족과 말단 관리인 아전이 착취와 부정부패를 일삼는 등 부작용이 많았다.

세종은 1430년(세종 12년)에 세제 개혁을 시작했다. 우선 답험손실법을 폐지하고 모든 농지에 대해 일률적으로 1결마다 10두씩 거두는 정액 세제안을 실시하고자 했다. 그러나 이는 많은 반대로 실행되지 못했다. 이에 세종은 농지의 등급에 따라 세율을 달리하는 개정안을 내놓았는데, 좀 더 정교한 기준을 마련하기 위해 전국의 토지에 대한 조사를 실시했다. 이렇게 해서 탄생한 것이 공법이다. 세종은 공법을 시행하면서 매우 신중한 태도를 보였다. 다음은 세종이 호조판서 안순(安純)에게 공법 시행과 관련해 지시한 내용이다.

백성이 좋지 않다고 하면 이를 행할 수 없다. 그러나 농작물의 잘되고 못된 것을 답사 고험(考驗: 자세히 고찰하고 조사함)할 때에 각기 제 주장을 고집해 공정성을 잃은 것이 자못 많았고, 또 간사한 아전들이 잔꾀를 써서 부유한 자를 편리하게 하고 빈한한 자를 괴롭히고 있어, 내 심히 우려하고 있노라. 각 도의 보고가 모두 도착해 오거든 그 공법의 편의 여부와 답사해서 폐해를 구제하는 등의 일들을 백관으로 하여금 숙의(熟議)하여 아뢰도록 하라.

『세종실록』49권, 세종 12년 7월 5일

또한 1436년(세종 18)에는 공법상정소(貢法詳定所)를 설치해 공법 실시와 관련한 사항을 논의하게 하는 한편, 다양한 여론을 수렴했다. 이후 공법은 여러 논의와 개선 작업을 거쳐 1444년(세종 26)에 최종적인 세제 원칙이 확정돼 공포되었다.

이 최종안은 기존의 결부법(結負法: 곡식 수확량과 전지 면적을 조세 수취와 연결해 파악하는 단위)을 개정해 양전(量田)의 근거 척도를 지척(指尺)에서 주척(周尺)으로 고치고, 전분6등법(田分六等法: 토지를 질에 따라 6등급으로 구분한 과세 기준)과 연분9등법(年分九等法: 농작의 풍흉을 9등급으로 구분한 과세 기준)을 적용했다. 이는 후에 폐단이 나타나기는 했지만, 당시로써는 매우 개혁적인 정액 세법이었다. 세종은 세금을 걷는 문제에서도 뛰어난 통치력을 발휘했던 것이다.

화기의 발달과 국방력 증대

과학기술이 전반적으로 발달한 세종 대에는 화기(火器)의 개량과 발명에서도 큰 진척이 있었다. 우리나라에서 화기가 발달하기 시작한 것은 고려 말부터였다. 당시 남쪽에는 왜구의 침입이 잦았고, 북쪽에는 여진족의 침입이 골칫거리였다. 이들을 물리치기 위해 노력한 과정에서 화기가 개발되기 시작한 것이다. 화기에서 가장 중요한 것이 화약인데, 1377년(고려 우왕 3)에 설치된 화통도감(火㷁都監)에서는 최무선(崔茂宣)의 건의로 화약 제조가 최초로 성공했다. 무인이자 무기 기술자였던 최무선은 원나라 기술자에게 화약 제조법을 배웠다. 고려에서는 최무선이 익힌 기술로 만든 화약을 이용해 화포를 제작했으며, 이 화포로 1380년(고려 우왕 6)의 진포 싸움과 1383년(우왕 9)의 진도 싸움에서 왜구를 크게 물리쳤다. 태조 이성계도 역성혁명으로 가는 과정에서 화포의 도움을 많이 받았다.

조선에서는 태종 때부터 화기 제조에 힘을 쏟았다. 최무선의 아들인 최해산(崔海山)에게 화기 제작을 일임해 화차(火車)·화통(火筒)·화포(火砲)·완구(碗口)·탄환(彈丸) 등이 만들어졌다. 또한 1409년(태종 9)에는 일명 화약고(火藥庫)라고 불리는 화약감조청(火藥監造廳)을 설치하기도 했다. 한편, 화기 제조를 책임지던 최해산이 각종 비리로 해임된 이후로는 특정한 인물이 아닌 여러 장인에게 기술이 전수되었다.

이후 세종이 즉위하면서 화기의 개량과 발명에도 큰 진척이 있었다. 대포인 완구를 개량하고, 신호탄인 발화(發火)와 신포(信砲)를 사용했다. 또한 소화포(小火砲)인 상양포(相陽砲)가 출현하는데, 이는 중국의 것을 독자적으로 개량해 만든 것이다. 화포에 대한 연구가 계속되면서 화포는 점차 작고 화약이 덜 드는 소화포나 세화포(細火砲) 형태로 개발되었다. 대포인 완구는 무거워서 끌고 다니기 어려웠지만, 소화포나 세화포는 기병이나 보병이 들고 다니면서 쓰기에 편했다. 철탄자(鐵彈子)가 사용된 것도 이때다. 철탄자는 화포를 쏠 때 화살과 돌 대신 쓰는 쇠로 만든 탄환이다. 이는 최무선이 처음 개발한 것으로 상용화를 위해 계속 연구하다가 세종 때 쓸 수 있게 되었다.

세종은 개발된 화기들을 전국에 배치했는데, 특히 여진족 때문에 골머리를 앓던 서북 지방에 집중적으로 배치했다. 1433년(세종 15)부터 시작된 4군과 6진의 개척에도 이들 화기가 사용되었다. 화포를 다루는 특수군으로 1,000여 명의 별군(別軍)과 양계(兩界: 북방의 군사 특수 지역. 함경도·평안도·강원도 일부 지역이 해당됨) 지방의 화포군을 만들기도 했다. 그러나 당시만 하더라도 화기의 위력은 대단하지 않았다.

화기의 위력이 세진 것은 1435년(세종 17)에 한꺼번에 많은 화살을 날려 보낼 수 있는 일발다전포(一發多箭砲)라는 신화포가 개발되면서부터다. 일발다전포의 개발로 적은 양의 화약으로 많은 양의 화살을 먼 거리까지 발사할 수 있었다. 당시엔 화약을 만드는 데 가장 중요한 재료인 염초를 다량으로 구하기가 어려웠기 때문에 화약이 귀했다. 따라서 화약이 많이 들어가는 무기는 실용화에 한계가 있을 수밖에 없었다. 그런데 일발다전포 개발로 이러한 한계를 어느 정도 극복할 수 있었다.

조선은 이미 1434년(세종 16)에 중국에서 화약을 굽는 새로운 비법을 배워왔는데, 이 비법이 왜인들에게 알려질까 우려해 삼남 지방에서는 화약을 굽지 못하게 했다. 이듬해 화약감조청을 소격동으로 옮기고, 1440년(세종 22)에는 화약고에 제약청(製藥廳)을 설치했다. 그리고 1445년(세종 27)에는 궁중 사복시(司僕寺: 가마나 말에 관한 일을 관장하던 관서) 남쪽에 화약 제조소인 사표국(司豹局)을 설치해 비밀리에 화약을 제조했다.

이후부터 신식 화포를 대대적으로 만들어 전국에 배치했다. 중국에서 새로운 화포 주조법을 배워와 사거리가 500보에 이르는 황자포(黃字砲), 800~1,000보에 이르는 지자포(地字砲), 1,300보에 이르는 천자포(天字砲) 등을 잇달아 개발했다. 새 화포를 만들기 위해 동철(銅鐵)의 생산을 장려하고 관가나 폐사(廢寺)에서 구리로 된 집기를 모으기도 했다. 그전까지 화기를 만드는 데 필요한 동철이나 납·유황 등은 주로 일본에서 들여왔다. 화포 개량은 각 도에 감련관(監鍊官)을 보내 주관하게 했다.

1445년(세종 27), 기존에 화약을 다루던 별군을 대신해 총통위(銃筒衛)가 따로 창설되었다. 총통위는 병조에 소속되어 오로지 총통 연습만을 목적으로 설립되었으며, 5인 1조로 1명은 화약을 장전하고 나머지 4명은 총통을 쏘도록 했다.『세종실록』에 기록된 오례의(五禮儀)에 따르면, 망궐례(望闕禮)·배표례(拜表禮)·조하의(朝賀儀)·회례연(會禮宴) 등의 시립(侍立)에는 제8행에 총통위가 동·서 양쪽에 시립했다고 한다. 의장을 겸하여 왕의 엄호 역할을 했던 것이다. 이후 총통위는 흉년 등의 이유로 자주 해산을 거듭하다가 세조 때 혁파되었다. 1448년(세종 30)에는 『총통등록(銃筒謄錄)』을 반포해 각 지방에서 총통을 만드는 데 참조하게 했다. 그해 의정부에서 여러 가지 총통전의 제조법과 총통 방사법 등에 대해서 보고한 내용이 『실록』에 기록되어 있는데, 주요 내용을 요약하면 다음과 같다.

각종 총통전을 만들 때 기존에는 나무로 살대를 만들고 가죽으로 살깃을 만들었는데, 나무 화살은 만들기가 쉽지 않고 가죽도 구하기 어려운 문제가 있다. 그러므로 차대전(次大箭)·중전(中箭)·소전(小箭)·차소전(次小箭) 외에 세장전(細長箭)과 차세장전(次細長箭)은 대나무로 대를 만들고 깃[羽]으로 살깃을 만들어 시험해 보니 화살이 멀리 가고 단단해 나무 화살보다 훨씬 나으니 노력은 적게 들고 효과는 갑절이 된다. 또 우령(羽翎: 커다란 깃털)은 만들기가 편하고 쉬우니 앞으로는 이렇게 만들고 살깃을 붙일 때는 어교(魚膠)로 사용하도록 한다. 살깃을 붙인 곳과 살촉이 들어간 곳은 복숭아나무 껍질로 싸지 말고 그 위에 옻칠을 하면 세월이 오래되어도 벌레가 먹지 않고 먼지가 붙지 않는다. 각 영진(營鎭)의 군기 제조 공장에는 감련관이 가는 대신 견양전(見樣箭:화살을 만드는 견본)을 보내 견양에 의해 제조하게 하고, 각 공장의 일과(日課)를 정해 월말마다 감사(監司)에게 보고하게 할 것이다. 감사는 석 달마다 수를 계산해 왕에게 보고하고, 매년 연말에는 군기감 관원을 보내 점검하게 할 것이다. (중략) 총통을 연습할 때마다 화약을 대기 어려우니, 연습 때는 사전총통(四箭銃筒)을 쓰되, 양계에는 매월 한 번 열 자루를 놓고 그 나머지 여러 도에는 석 달마다 한 번 열 자루를 놓고 연습하게 할 것이다. 팔전총통(八箭銃筒)·사전총통·장총통(長銃筒)·세총통(細銃筒)·중소신기전(中小神機箭)의 경우 양계에서는 매년 한 번씩, 나머지 여러 도에는 2년마다 한 번씩 쏘기를 연습할 것이다.

『세종실록』 122권, 세종 30년 12월 6일

이 밖에 총통 연습에 대한 구체적인 방법을 기술하고 있으며, 왜객(倭客)이 왕래하는 웅신진·부산포·내이포·염포 외의 각 영진과 연변(沿邊)에서는 농사 때라도 총통전을 제조할 수 있게 하라고 청하고 있다.

한편 위에 언급된 신기전(神機箭)은 일종의 로켓 추진 화살로, 신기전이라는 용어가 기록상 처음 등장한다. 그러나 신기전이 제작되기 이전에도 조선에는 주화(走火)라는 이름의 로켓형 화기가 있었다. 말하자면 주화가 신기전의 원조라고 할 수 있다. 주화와 신기전은 화약을 이용해 한꺼번에 여러 개의 화살을 쏠 수 있는 무기라는 점은 같다. 다만 발화통(發火筒)이 몸체에 붙어 있느냐, 떨어져 있느냐의 차이가 있을 뿐이다. 즉 신기전은 발화통이 장착된 주화인 셈이다. 신기전은 크기와 기능에 따라 여러 종류가 개발되었다.

세종 대는 조선의 국방력이 가장 강했던 시기였으며, 화기 개발 또한 가장 활발했다. 세종에 이어 왕위에 오른 문종도 화차를 만드는 등 군비 확장에 관심이 많았다. 그러나 단종 대부터 화기 개발이 침체되다가 세조가 정권을 잡은 이후로 화기 개발은 거의 이루어지지 않았다. 계유정난으로 왕위에 오른 세조가 반대 세력의 움직임을 막기 위해 화기 사용을 억제한 탓이었고, 국방보다는 외교를 중시하는 문치주의적인 특성이 자리 잡은 탓이기도 했다.

인쇄술의 발달과 서적 편찬 사업

세종 대는 인쇄술의 발달과 함께 우리나라의 인쇄 문화가 꽃핀 시기다. 주자(鑄字)에 대한 연구와 개발은 태종 때부터 꾸준히 있었다. 성리학에 바탕을 둔 문치주의 실현을 꿈꿨던 태종은 서적 편찬 사업을 중요하게 여겼고, 활자 제조에도 자연히 관심을 갖게 되었다.

그런데 당시엔 대외적으로 크고 작은 무력 충돌이 많을 때여서 구리와 철이 무기 제조에 주로 쓰였다. 그러다보니 활자를 제조할 재료가 부족했다. 태종은 이 문제를 해결하기 위해서 내탕금(內帑金: 임금이 개인적으로 가지고 있던 재물)을 내놓고, 종친과 훈신들에게도 자진 공출하게 하는 등 필요한 경비를 충당했다. 이러한 노력으로 태종 때 탄생한 활자가 계미자(癸未字)다. 계미자는 1403년(태종 3)에 주자소에서 만든 조선 최초의 동활자로, 남송(南宋)의 구양순(歐陽詢)체를 바탕으로 글자 자체를 둥글게 처리한 원필(圓筆)을 곁들여 제작했다.

세종은 여기서 한발 더 나아가 기존의 활자보다 더 보기 좋고 분명한 활자를 얻기 위해 노력했다. 우선 태종 때 만들어진 계미자를 개량했다. 계미자는 밀랍으로 활자를 판에 고정시켜 사용했기 때문에 활자가 흔들리는 단점이 있었다. 그러다보니 한꺼번에 많은 양을 찍어낼 수 없었다. 이러한 단점을 보완해 1420년(세종 2)에 내놓은 동활자가 경자자(庚子字)다. 경자자는 판형에 활자를 배열하고, 활자 사이에 대나무나 종이를 끼워 고정했다. 당시 이러한 조판은 상당히 진보적인 방식이었으며, 하루에 인쇄할 수 있는 양도 늘어났다. 그러나 경자자는 서체가 가늘고 빡빡해서 보기에 아름다운 편이 아니었다. 활자를 고정하는 방법 역시 여전히 불완전했다.

이러한 단점을 고쳐 1434년(세종 16)에 조선 최고의 활자가 탄생했다. 바로 갑인자(甲寅字)다. 갑인자는『논어(論語)』와 『효순사실(孝順事實)』의 명나라 초기 판본을 모본으로 하고, 없는 글자는 진양대군(수양대군, 훗날 세조)의 글자를 첨가해 제작되었다. 서체가 바르고 부드러운 갑인자는 진나라의 위부인(衛夫人)체와 비슷하다고 해서 일명 위부인자(衛夫人字)로도 불린다. 또한 활자가 네모반듯해 조립식 판짜기를 할 수 있어 인쇄할 때 활자가 흔들리는 단점을 개선했다. 하루 인쇄 분량도 경자자에 비해 두 배가량 늘어났다. 인쇄할 때는 기름먹에 아교를 진하게 섞은 최상급 유연먹(油煙墨)을 사용해 글자가 좀 더 선명하고 깨끗했다. 갑인자는 아름다움과 실용성을 모두 갖춘 금속활자의 백미로 평가된다. 이후 갑인자는 후대에 다섯 차례에 걸쳐 개주(改鑄)되었다.

한편 중소자(中小字) 중심으로 만들어진 갑인자로는 큰 글자를 인쇄할 수 없었다. 그래서 세종은 1436년(세종 18)에 진양대군의 글씨를 원본으로 대자(大字)를 주조하도록 명했다. 이렇게 탄생한 것이 병진자(丙辰字)다. 병진자는『자치통감강목』을 인쇄할 때 처음으로 사용되었다고 해서 강목대자(綱目大字)라고도 불린다.

세종 대에는 훌륭한 문화적 토대 위에 인쇄술까지 더해져 서적 편찬 사업이 활발하게 전개되었다. 편찬된 서적의 양도 방대해 15세기 민족 문화의 정수를 이루었다.

『팔도지리지(八道地理志)』는 1432년(세종 14)에 윤회, 맹사성 등이 편찬한 종합 지리서며, 조세와 공물을 거두어들이는 데 참고하기 위해 만든 것으로 조선 지리서의 선구적인 저술로 평가된다. 『세종실록』에 실린 「지리지」는 이것을 손질해 실은 것인데, 「서문」에서 다음과 같이 밝히고 있다.

우리나라 지지(地志)가 대략 『삼국사』에 있고 다른 데에는 상고할 만한 것이 없더니, 우리 세종대왕이 윤회, 신장(申檣) 등에게 명해 주군(州郡)의 연혁을 상고해 이 글을 짓게 해서 임자년(1432)에 이루어졌는데, 그 뒤 (주군이) 갈라지고 합쳐진 것이 한결같지 아니하다. 특히 양계(兩界)에 새로 설치한 주(州), 진(鎭)을 들어 그 도(道)의 끝에 붙인다.

『향약집성방(鄕藥集成方)』은 1433년(세종 15)에 편찬된 의약서(醫藥書)로 향약, 즉 우리나라 향토에서 생산되는 약재에 대해서 주로 다루고 있다. 집현전 학사인 유효통(兪孝通)·노중례(盧重禮)·박윤덕(朴允德) 등이 찬술에 참여했다. 세종은 우리나라 사람의 질병을 치료하려면 우리나라 풍토에서 생산된 약재가 더 효과적일 것이라는 의토성(宜土性)을 강조하며 『향약집성방』의 편찬을 명했다. 이는 의약 제민(濟民)에 대한 자주적 방책을 보여준 사례다. 이를 위해 향약과 당재(唐材:

중국산 약)를 비교·연구한 후 각 도와 읍에서 생산되는 향약의 실태를 조사하게 했다. 이러한 연구·조사 결과를 토대로 1431년(세종 13)에는 『향약채취월령(鄉藥採取月令)』을 반포하기도 했다.

또한 중국의 역사서인 『자치통감』을 좀 더 잘 읽을 수 있도록 훈의(訓義)를 단 『자치통감훈의』를 펴냈다. 다음은 안지(安止)가 쓴 「서문」이다.

주상 전하께서 경복궁 사정전(思政殿)에 거동해 날마다 경연에서 널리 유신을 맞아 나라를 다스리는 도리를 강론하시되, 무릇 서(書)·사(史)에 대해서는 열람하지 않은 것이 없어 모두 쌓인 뜻을 연구해 그 정함을 다했다. 하루는 예문관 대제학 윤회 등에 명하기를 "우리나라에는 서적이 드문데다 역사책은 더욱 귀해서 배우는 자가 익히기 매우 어려우니 참으로 한스럽다. 경서는 근자에 황제께서 하사한 『성리대전』 10여 책을 받았는데, 풀이가 자세하게 갖추어지고 구두(句讀)가 소상해 책을 펴면 일목요연하니 더 의론할 것이 없으나, 『자치통감』의 경우 전질이 원래 흔하지 않고 주석도 오묘함을 다하지 못했으며, 본주(本注)는 너무도 간략하고 처음부터 끝까지 호주[胡註: 호삼성(胡三省)의 주석]는 너무도 번거롭고 집람(集覽)과 석문(釋文)은 잘못된 데가 있어 모두 앞뒤가 맞지 않는 병폐가 있으니, 자세히 살펴 하나로 일관되지 않으면 안 되게 되었다. 마땅히 여러 사람의 훈고(訓詁)를 모으고, 모든 논평의 정화만을 가려서 번거로움을 제거하고 잘못된 곳을 깎아 글 뜻을 찾고 절차를 분별해 일일이 주를 달아서 보기에 편하게 하라" 했다.

세종은 『자치통감』의 교정을 직접 보는 등 열의를 보였으며, 발간 후에는 보급에 힘썼다.

이 밖에 수많은 서적이 세종 대에 편찬되었다. 주요 서적을 발간 시기순으로 정리하면, 『효행록』『농사직설』『삼강행실』『팔도지리지』『무원록주해(無寃錄註解)』『향약집성방』『자치통감훈의(資治通鑑訓義)』『한류문주석(韓柳文註釋)』『국어보정(國語補正)』『명황계감(明皇誡鑑)』『사륜전집(絲綸全集)』『두시제가주석(杜詩諸家註釋)』『운회언역(韻會諺譯)』『오례의주(五禮儀註)』『칠정산내외편(七政算內外篇)』『치평요람(治平要覽)』『용비어천가』『용비어천가주해(龍飛御天歌註解)』『제가역상집(諸家曆象集)』『의방유취(醫方類聚)』『훈민정음』『동국정운』『사서언해(四書諺解)』『고려사』 등이다.

불교의 통합

세종은 태종과 마찬가지로 불교에 대한 구조조정을 실시했다. 1424년(세종 6) 4월, 7개로 나뉜 불교 종파를 선교(禪敎) 양종(兩宗)으로 통합했다. 또한 전국의 사찰을 양 종파에 18개씩만 남기고 정리했다. 이는 예조에서 올린 계획안을 그대로 따른 것이다. 즉 전국의 사찰 중 선종과 교종 36개의 사찰에 대해서만 토지를 지급하고 나머지 사찰에는 더 이상 국가적인 지원을 하지 않는 것을 의미했다. 당시 36개의 사찰에 지급된 토지는 약 7,000여 결로, 이는 고려 시대 사찰의 토지 규모에 비하면 10분의 1 이상 줄어든 것이었다. 이렇듯 국가의 지원이 크게 줄어들면서 조선 불교의 위세도 그만큼 꺾이게 되었다.

불교계에서는 세종의 이러한 구조조정 정책을 어떻게 받아들였을까? 사실 불교계의 입장에서 다양한 여러 종파의 특성을 무시한 채 선종(禪宗)과 교종(敎宗)으로 단순화하는 것은 말도 안 되는 일이었다. 집권자의 통치 편의를 위해서 불교 교리의 다양성은 무시한 처사였다. 그러나 이미 불교에 대한 구조조정은 개국 초부터 불가피한 선택이었다. 태조가 숭유억불 정책을 표방한데다 국가 재정의 안정을 위해서도 비대해진 사찰에 대한 혜택을 줄일 수밖에 없었다.

불교 내부도 자정의 노력을 기울여야 했으나 그러지 못했다. 특히 1424년(세종 6) 2월에는 홍천사에서 시험을 보기 위해 모였던 승려들이 금주령을 어기고 공금까지 횡령한 사건이 일어났다. 이를 계기로 사헌부에서 사찰 토지와 불교 종단에 대한 개혁을 주장하는 「상소」를 올렸고, 이어 사대부들의 불교 배척 「상소」가 이어졌다. 선교 양종 통합과 36개 사찰을 제외한 나머지 사찰에 대한 정리는 이러한 배경에서 비롯된 것이다.

그런데 세종은 공적으로는 유교를 내세우고 불교에 대한 억압 정책을 폈지만, 사적으로는 불심(佛心)이 깊었다. 세종은 심지어 다음과 같이 말하기까지 했다.

> (불교가) 공자의 도보다 나으며, 정자(程子)와 주자(朱子)가 그르다고 한 것은 불씨(佛氏)를 깊이 알지 못한 것이었다. 천당(天堂)·지옥(地獄)과 사생(死生)·인과(因果)가 실로 이치가 있는 것이요, 결코 허탄(虛誕)한 것이 아닌데, 불씨의 도를 알지 못하고 배척한 자는 모두 망령된 사람들이라, 내 취하지 않겠다.
>
> 『세종실록』 125권, 세종 31년 7월 1일

그리고 불교에 대한 구조조정과는 별개로 사찰을 건립하거나 보수하고, 왕실 불교를 일으키려고 노력했다. 1419년(세종 1)에 정종이 죽자, 세종은 장의사와 진관사 두 절에서 설재(設齋: 음식을 마련해 승려에게 공양함)했다. 1420년(세종 2)에 어머니 원경왕후가 죽었을 때는 능 옆에 절을 지었고, 1422년(세종 4)에 태종이 죽었을 때는 비록 절은 짓지 않았지만 장례를 불교

식으로 지내고 개경사(開慶寺)와 진관사에서 설재했다. 1446
년(세종 28) 3월에 왕비인 소헌왕후가 죽었을 때는 세종 스스
로 불공을 드리기도 했다. 이듬해에는 소헌왕후의 명복을 빌
기 위해 수양대군에게 석가모니의 가계와 일대기를 담은 『석
보상절』을 짓게 했으며, 1449년(세종 31)에는 세종이 직접 석
가의 공덕을 찬송하는 노래 500여 수를 지어 수록한 『월인천
강지곡』을 펴냈다. 1448년(세종 30)에는 문소전(文昭殿) 서북
공터에 내불당(內佛堂)을 지어 일곱 명의 승려에게 돌보도록
시켰다. 세종이 죽기 직전인 1450년(세종 32)에는 신미대사(信
眉大師)를 침전에까지 불러들여 설법을 들었다.

이러한 세종의 불심은 조정 대신과 집현전 학자의 반발을
사기도 했다. 그러나 이것은 비단 세종 개인의 경우에만 국한
된 것이 아니라 유불교체기에 나타난 시대 상황이라고 할 수
있다.

세종은 말년에 접어들면서 불교에 더 깊이 빠져들었다. 이
것은 세종 자신과 가족의 불행과 관련이 있다. 특히 병이 깊어
지면서 심리적으로 기댈 곳이 필요했던 것으로 보인다. 또한
사랑하던 왕비를 잃고 뒤이어 다섯째 아들 광평대군과 일곱
째 아들 평원대군을 잃은 것도 세종이 불교에 심취하게 된 원
인으로 보인다.

세종 시대의 명재상들

세종이 처음 왕좌에 올랐을 때 조정은 태종의 신하들이 포진해 있었다. 이들은 태종과 함께 산전수전을 다 겪은 공신이었다. 태종에게는 충성을 다했던 공신들이지만, 과연 젊은 세종이 이들을 태종처럼 통제할 수 있을지는 미지수였다. 태종은 이것을 걱정했다. 그래서 세종에게 자신의 신하를 쓰지 말고 세종의 신하를 뽑아서 쓰라고 권유하기도 했다. 그렇지만 세종은 자신의 신하들로만 정국을 운영하지 않았다. 태종 때부터 벼슬을 하던 원로대신을 상층에 그대로 두고, 자기가 뽑은 신진 관료를 하층에 배치했다. 신구의 조화를 통해 정국을 안정적으로 이끌어나가고자 했던 것이다.

황희

세종을 도와 태평성대를 함께 연 재상으로는 황희(黃喜)와 맹사성이 있다. 두 사람 모두 조선 초기를 대표하는 명재상이다. 특히 황희는 세종이 즉위한 이래 18년 동안이나 영의정 자리에 있었다.

1363년(고려 공민왕 12)에 판강릉부사 황군서(黃君瑞)의 아들로 태어난 황희는 고려 말 과거에 급제해 성균관 학사가 되었다. 고려가 망하자 한동안 벼슬을 버리고 두문동에 들어가 은

거했으나, 태조의 부름을 받고 조정에 다시 들어왔다. 이후 태조·정종·태종에 이어 세종까지 보필했다.

황희는 태종 때 대사헌·병조판서·예조판서·이조판서 등의 요직을 두루 거쳤다. 그러다 태종이 양녕대군을 폐위하려고 할 때 이를 반대하다가 평안도 도순문사 겸 평양부사로 좌천되었다. 그리고 양녕대군이 폐위된 후에는 관직에서 쫓겨나 귀양을 가기도 했다. 그러나 태종은 세종 즉위 후 그를 다시 불렀다. 세종을 보필할 신하로 황희만한 인물이 없다고 생각한 것이다. 세종은 태종의 추천을 받아들여 황희를 의정부 좌참찬에 제수했다. 이후 황희는 예조판서의 자리에 올라 본격적으로 세종의 국정 운영을 도왔으며, 1432년(세종 14)에 영의정부사에 올라 18년 동안 재상의 임무를 수행했다.

황희는 세종이 무수한 혁신 정책 과제를 수행하는 데 더없이 훌륭한 파트너였다. 그는 소신과 원칙을 가지고 정국을 리드할 줄 알았고, 특히 왕과 중신들 사이에서 중립을 지키며 의견 조율자 역할을 충실히 했다. 『실록』에는 세종의 재상으로서 황희의 역할이 무엇인지 다음과 같이 기록하고 있다.

세종이 중년(中年) 이후에는 새로운 제도를 많이 제정하니, 황희는 생각하기를 "조종(祖宗)의 예전 제도를 경솔히 변경할 수 없다" 하고 홀로 반박하는 의논을 올렸으니, 비록 다 따르지 않았으

나 중지시켜 막은 바가 많았으므로 옛날 대신(大臣)의 기풍이 있
었다.

『문종실록』 12권, 문종 2년 2월 8일

세종이 말년에 불교에 심취해 내불당을 설치하자 조정의
여러 중신과 집현전 학자의 반발이 심했다. 당시 황희 역시
「상소」를 올려 불당을 폐하라고 간했다. 그래도 세종이 고집
을 꺾지 않자 그는 강경한 대신들 사이에서 오히려 유연함을
발휘했다. 그리고 집현전 학자를 일일이 찾아다니며 설득해
갈등이 더 이상 커지지 않도록 무마했다. 이런 황희가 있었기
에 세종은 마음 편히 자신이 계획했던 많은 정책을 의욕적으
로 추진할 수 있었던 것이다.

황희는 90세에 가까운 나이까지 재상의 자리에 있다가 물
러났으며, 조정을 떠난 후에도 국가에 중대사가 있을 때마다
세종의 자문에 응했다. 1452년(문종 2)에 죽었으며, 세종의 묘
정에 배향되었다.

맹사성

세종 시대 또 한 명의 명재상인 맹사성은 1360년(고려 공민
왕 9)에 태어나 1386년(우왕 12) 문과에 급제해 관직 생활을 시
작했다. 태종 때 대사헌에 올랐으나 왕의 허락 없이 부마 조

대림(趙大臨)을 국문한 일 때문에 관직에서 물러나 유배를 가기도 했다. 그 후 성석린 등의 도움으로 다시 복직해 예조에서 참판과 판서를 지내고, 공조와 호조를 두루 거쳤다. 세종 즉위 후에는 이조판서와 예문관 대제학을 겸했으며, 성절사(聖節使: 명나라 황제의 생일 축하 사신)로 명나라에 다녀온 후 문신으로는 최초로 삼군도진무(三軍都鎭撫)를 지냈다. 1427년(세종 9)에는 우의정에 올랐으며, 황희가 영의정부사에 올랐을 때는 좌의정을 지냈다.

황희와 더불어 국정의 한 부분을 책임지며 세종을 보필했던 맹사성은 "타고난 성품이 어질고 부드러워서 무릇 조정의 큰일이나 거관처사(居官處事)에 과감하게 결단하는 데 단점이 있었다"는 평가를 받기도 했다. 그는 시문(詩文)에 능하고 음률에 밝아 향악을 정리하는 데 기여했으며, 손수 악기를 만들기도 했다. 또한 『태종실록』을 감수하는 등 세종 시대의 문화 창달에 공헌했다. 1435년(세종 17)에 노령으로 관직에서 물러났으며, 1438년(세종 20)에 79세의 나이로 죽었다.

허조

세종 시대의 재상 중에 빼어놓을 수 없는 사람이 한 명 더 있다. 바로 좌의정을 지낸 허조다. 허조는 허귀룡(許貴龍)의 아들로, 1390년(고려 공양왕 2) 문과에 급제했다. 강직한 성품의 허조는 태종에게 직언하다가 미움을 받기도 했으나, 태종도 결국 허조의 인품을 인정하고는 그에게 계속 벼슬 자리를 주었다. 이조정랑·호군·경승부소윤·판사섬시사 등의 관직을 거쳐 1411년(태종 11)에는 예조참의가 되었다. 이때 학당의 설립에 힘썼으며, 왕실의 의식과 일반 백성의 상제(喪祭)를 법제화했다.

세종이 즉위할 때 태종은 "이가 진실로 재상이다"라며 허조를 추천했다. 허조는 세종 때에 예조판서·이조판서 등을 지냈고, 1422년(세종 4)에는 『신속육전(新續六典)』 편수에 참가했다. 허조는 세종에게도 직언을 서슴지 않았으며, 세종이 추진하는 정책에 대해서 무조건 찬성하지 않고 반대의 목소리를 내곤 했다. 그래도 세종은 그를 내치지 않고 곁에 두었다. 황희나 맹사성처럼 자신의 뜻대로 움직여주는 재상도 필요했지만, 허조처럼 비판할 줄 하는 신하도 필요했던 것이다. 결국 허조는 우의정을 거쳐 좌의정까지 지냈다. 허조는 1439년(세종 21)에 71세의 나이로 죽었는데, 죽기 전 다음과 같은 말을 남겼다고 한다.

태평한 시대에 나서 태평한 세상에 죽으니, 천지간(天地間)에 굽어보고 쳐다보아도 호연(浩然)히 홀로 부끄러운 것이 없다. 이것은 내 손자의 미칠 바가 아니다. 내 나이 70세가 지났고, 지위가 상상(上相)에 이르렀으며, 성상(聖上)의 은총을 만나 간(諫)하면 행하시고 말하면 들어주시었으니 죽어도 유한(遺恨)이 없다.

『세종실록』 87권, 세종 21년 12월 28일

이처럼 세종의 시대는 세종 한 사람의 힘으로 이루어진 것이 아니다. 젊고 유능한 집현전 학사와 장영실과 같은 인재, 변방을 개척한 최윤덕·김종서, 그리고 황희·맹사성·허조와 같은 명재상과 각자의 위치에서 소임을 다한 사대부 관료가 있었기에 찬란한 문화의 전성기가 열린 것이다.

의정부서사제의 부활과 세자의 대리청정

세종은 병이 많기로 유명했다. 즉위 초에는 비교적 건강했으나 워낙 책읽기를 좋아하는데다 밤늦도록 정사에 몰두하는 일이 잦아지면서 점차 건강이 나빠졌다. 말타기·활쏘기 등의 활동을 즐겼던 태종이나 양평대군과 달리 세종은 몸을 움직이는 운동을 좋아하지 않았고, 따로 시간을 낼 기회도 별로 없었다. 그러다보니 다리 통증과 종기 등 잔병을 앓는 일이 많았고, 두통과 이질·풍질(風疾)과 소갈증에 시달렸다. 소갈증은 오늘날의 당뇨와 같은 질환으로, 세종은 각종 합병증으로 고생했다. 말년에는 기력이 쇠하고 기억력도 감퇴하여 정사를 돌보기 힘들어졌다.

　이에 세종은 1436년(세종 18)에 기존의 육조직계제를 의정부서사제로 바꾸었다. 육조직계제는 태종이 왕권 강화를 위해 도입한 제도였으나 왕의 업무가 그만큼 가중되는 단점이 있었다. 안 그래도 이것저것 신경 쓸 일이 많고 건강까지 안 좋은 세종에게는 부담이 되는 제도였다. 세종이 의정부서사제를 부활시킨 것은 어쩔 수 없는 선택이었다. 의정부서사제 실시는 그만큼 재상에게 권한이 위임되는 것을 의미했다. 그래도 왕권이 안정되었기 때문에 세종은 이런 선택을 할 수 있었다. 다행히 황희·맹사성 등 유능한 재상들이 잘 뒷받침해주어서 국정 전반에 걸친 의결은 의정부에 맡기고, 세종은 예악 정비, 훈민정음 창제, 천문학 연구 등 본인이 이루고자 한 주력 정책에 집중할 수 있었다.

　또한 1445년(세종 27)부터는 세자(문종)가 섭정을 했다. 세종은 이전부터 이미 여러 차례 "나의 계획한 일이 젊은 때와 다른 것이 많고, 또 풍질이 있어서 스스로 힘쓰기 어려워 세자로 하여금 모든 정무를 대신 다스리게 하겠다"는 뜻을 비쳐왔다. 그러나 여러 대신은 법도에 어긋난다는 이유로 이를 반대했다. 그러다 1443년(세종 25)에 비로소 왕세자가 섭정하는 제도를 만들었고, 2년 뒤부터 본격적으로 모든 정무를 세자가 맡아서 하게 되었다.

그리고 세종은 1450년(세종 32)에 여덟째 아들인 영웅대군의 집 동별궁(東別宮)에서 32년 동안의 치세를 마치고 세상을 떠났다. 사후 장헌(莊憲)이라는 시호를 받았으며, 능은 현재 경기도 여주군 능서면에 있는 영릉이다.

조선왕조실록 1 태조~세종 편

펴낸날	초판 1쇄 2015년 7월 15일
	초판 2쇄 2017년 11월 2일
지은이	**이성무**
펴낸이	**심만수**
펴낸곳	**(주)살림출판사**
출판등록	**1989년 11월 1일 제9-210호**
주소	**경기도 파주시 광인사길 30**
전화	**031-955-1350** 팩스 **031-624-1356**
홈페이지	**http://www.sallimbooks.com**
이메일	**book@sallimbooks.com**
ISBN	978-89-522-3168-0 04080
	978-89-522-0096-9 04080(세트)

※ 값은 뒤표지에 있습니다.
※ 잘못 만들어진 책은 구입하신 서점에서 바꾸어 드립니다.

이 도서의 국립중앙도서관 출판시도서목록(CIP)은 서지정보유통지원시스템 홈페이지
(http://seoji.nl.go.kr)와 국가자료공동목록시스템(http://www.nl.go.kr/kolisnet)에서
이용하실 수 있습니다.(CIP제어번호: CIP2015017683)

085 책과 세계

강유원(철학자)

책이라는 텍스트는 본래 세계라는 맥락에서 생겨났다. 인류가 남긴 고전의 중요성은 바로 우리가 가 볼 수 없는 세계를 글자라는 매개를 통해서 우리에게 생생하게 전해 주는 것이다. 이 책은 역사라는 시간과 지상이라고 하는 공간 속에 나타났던 텍스트를 통해 고전에 담겨진 사회와 사상을 드러내려 한다.

056 중국의 고구려사 왜곡 　eBook

최광식(고려대 한국사학과 교수)

중국의 고구려사 왜곡의 숨은 의도와 논리, 그리고 우리의 대응 방안을 다뤘다. 저자는 동북공정이 국가 차원에서 진행되는 정치적 프로젝트임을 치밀하게 증언한다. 경제적 목적과 영토 확장의 이해관계 등이 복잡하게 얽혀 있는 동북공정의 진정한 배경에 대한 설명, 고구려의 역사적 정체성에 대한 문제, 고구려사 왜곡에 대한 우리의 대처방법 등이 소개된다.

291 프랑스 혁명 　eBook

서정복(충남대 사학과 교수)

프랑스 혁명은 시민혁명의 모델이자 근대 시민국가 탄생의 상징이지만, 그 실상을 아는 사람은 많지 않다. 프랑스 혁명이 바스티유 습격 이전에 이미 시작되었으며, 자유와 평등 그리고 공화정의 꽃을 피기 위해 너무 많은 피를 흘렸고, 혁명의 과정에서 해방과 공포가 엇갈리고 있었다는 등의 이야기를 통해 프랑스 혁명의 실상을 소개한다.

139 신용하 교수의 독도 이야기 　eBook

신용하(백범학술원 원장)

사학계의 원로이자 독도 관련 연구의 대가인 신용하 교수가 일본의 독도 영토 편입문제를 걱정하며 일반 독자가 읽기 쉽게 쓴 책. 저자는 역사적으로나 국제법상으로 실효적 점유상으로나, 어느 측면에서 보아도 독도는 명백하게 우리 땅이라고 주장하며 여러 가지 역사적인 자료를 제시한다.

144 페르시아 문화

 eBook

신규섭(한국외대 연구교수)

인류 최초 문명의 뿌리에서 뻗어 나와 아랍을 넘어 중국, 인도와 파키스탄, 심지어 그리스에까지 흔적을 남긴 페르시아 문화에 대한 개론서. 이 책은 오랫동안 베일에 가려 있던 페르시아 문명을 소개하여 이슬람에 대한 편견과 오해를 바로 잡는다. 이태백이 이란계였다는 사실, 돈황과 서역, 이란의 현대 문화 등이 서술된다.

086 유럽왕실의 탄생

김현수(단국대 역사학과 교수)

인류에게 '예술과 문명' 그리고 '근대와 국가'라는 개념을 선사한 유럽왕실. 유럽왕실의 탄생배경과 그 정체성은 무엇인가? 이 책은 게르만의 한 종족인 프랑크족과 메로빙거 왕조, 프랑스의 카페 왕조, 독일의 작센 왕조, 잉글랜드의 웨섹스 왕조 등 수많은 왕조의 출현과 쇠퇴를 통해 유럽 역사의 변천을 소개한다.

016 이슬람 문화

이희수(한양대 문화인류학과 교수)

이슬람교와 무슬림의 삶, 테러와 팔레스타인 문제 등 이슬람 문화 전반을 다룬 책. 저자는 그들의 멋과 가치관을 흥미롭게 설명하면서 한편으로 오해와 편견에 사로잡혀 있던 시각의 일대 전환을 요구한다. 이슬람교와 기독교의 관계, 무슬림의 삶과 낭만, 이슬람 원리주의와 지하드의 실상, 팔레스타인 분할 과정 등의 내용이 소개된다.

100 여행 이야기 eBook

이진홍(한국외대 강사)

이 책은 여행의 본질 위를 '길거리의 철학자'처럼 편안하게 소요한다. 먼저 여행의 역사를 더듬어 봄으로써 여행이 어떻게 인류 역사의 형성과 같이해 왔는지를 생각하고, 다음으로 여행의 사회학적·심리학적 의미를 추적함으로써 여행에 어떤 의미를 부여할 것인가에 대해 말한다. 또한 우리의 내면과 여행의 관계 정의를 시도한다.

293 문화대혁명 <small>중국 현대사의 트라우마</small> `eBook`

백승욱(중앙대 사회학과 교수)

중국의 문화대혁명은 한두 줄의 정부 공식 입장을 통해 정리될 수 없는 중대한 사건이다. 20세기 중국의 모든 모순은 사실 문화대혁명 시기에 집약되어 있다고 해도 과언이 아니다. 사회주의 시기의 국가 · 당 · 대중의 모순이라는 문제의 복판에서 문화대혁명을 다시 읽을 필요가 있는 지금, 이 책은 문화대혁명에 대한 안내자가 될 것이다.

174 정치의 원형을 찾아서 `eBook`

최자영(부산외국어대학교 HK교수)

인류가 걸어온 모든 정치체제들을 매우 짧은 기간 동안 시험하고 정비한 나라, 그리스. 이 책은 과두정, 민주정, 참주정 등 고대 그리스의 정치사를 추적하고, 정치가들의 파란만장한 일화 등을 소개하고 있다. 특히 이 책의 저자는 아테네인들이 추구했던 정치방법이 오늘 우리 사회가 당면한 문제를 해결할 수 있는 지혜의 발견에 도움을 줄 수 있을 것이라고 말한다.

420 위대한 도서관 건축순례 `eBook`

최정태(부산대학교 명예교수)

이 책은 도서관의 건축을 중심으로 다룬 일종의 기행문이다. 고대 도서관에서부터 21세기에 완공된 최첨단 도서관까지, 필자는 가능한 많은 도서관을 직접 찾아보려고 애썼다. 미처 방문하지 못한 도서관에 대해서는 문헌과 그림 등 가능한 많은 정보를 수집하려 노력했다. 필자의 단상들을 함께 읽는 동안 우리 사회에서 도서관이 차지하는 의미에 대해 다시 생각하게 된다.

421 아름다운 도서관 오디세이 `eBook`

최정태(부산대학교 명예교수)

이 책은 문헌정보학과에서 자료 조직을 공부하고 평생을 도서관에 몸담았던 한 도서관 애찬가의 고백이다. 필자는 퇴임 후 지금까지 도서관을 돌아다니면서 직접 보고 배운 것이 40여 년 동안 강단과 현장에서 보고 얻은 이야기보다 훨씬 많았다고 말한다. '세계 도서관 여행 가이드'라 불리도 손색없을 만큼 풍부하고 다채로운 내용이 이 한 권에 담겼다.

eBook 표시가 되어있는 도서는 전자책으로 구매가 가능합니다.

(주)살림출판사
www.sallimbooks.com
주소 경기도 파주시 문발동 522-1 | 전화 031-955-1350 | 팩스 031-955-1355